퍼스트 무버,
한국의 희망__

퍼스트 무버,
한국의 희망

FIRST ★ MOVER

양향자 한국의희망 대표 지음

디케

왜 정치를 하는가?

왜 창당을 하는가?

그럴 자격이 있는가?

이 책은 정치인이자 당 대표인 저를 향한 국민의 질문에 대한 답
입니다. 정치 입문 후 8년간 다섯 차례의 선거에 출마했고, 두 차례
최고위원에 선출되었으며, 거대 양당 모두에서 반도체 산업 관련
특위 위원장을 맡았던 양향자라는 색다른 정치인의 남다른 이야기
입니다.

글로벌기업의 반도체 엔지니어로 세계를 제패한 자부심은 정치
권에 들어선 지금 사명감으로 바뀌었습니다. 경제를 넘어 국방의
핵심인 과학기술, 여기에서 비롯된 첨단산업은 한국이 세계와 미
래를 선도할 수 있게 만드는 핵심 자산입니다. 첨단산업 없이 대한

민국은 추락할 수밖에 없습니다.

그러나 지금의 정치권은 첨단산업보다 다른 곳에 관심이 더 많습니다. 각자의 진영에 갇혀 하루하루 성을 쌓아가며 서로를 배척하고 국민을 편 가릅니다. '경제 발전' '국민 통합' '비전 제시'라는 이 시대 정치의 본령은 실종되었고, 무엇이든 가능케 하는 정치적 상상력은 고갈되고 말았습니다.

이런 정치, 이런 정치를 만든 정당, 그런 정당에서 배출된 그저 그런 정치인으로는 더 이상 희망을 만들 수 없습니다. 좋은 지도자, 좋은 정책, 좋은 시스템을 갖춘 정당이어야 합니다. 이 책은 한국의 희망이 바로 그런 희망으로 가득 찬 정당이라는 설명서입니다.

누구보다 창당을 이끈 동지들께, 감사한 마음으로 이 책을 바칩니다. 시대의 앞자리에서 용기 있는 도전에 나선 퍼스트 무버인 당신들께 존경의 박수를 함께 드립니다. 무에서 유를 창조하고, 오직 열정과 집념으로 새로운 정치를 열어가는 우리는 이미 성공한 것입니다.

창당의 뼈대와 기틀을 마련해 주신 최진석 교수님, 한국의희망 정치학교장과 정책연구소장을 맡아 희망을 채워주신 최연혁 교수님, 특별히 감사드립니다. 아낌없는 충고와 전문적인 제언으로 저를 지켜주시는 멘토님들과 자문 그룹에 감사드립니다. 무모하리만큼 담대한 도전에도 나무람 없이 토닥이고 쓰다듬어 준 가족들에게도 감사를 전합니다. 수준 높은 질문으로 책을 구성하고, 대담을 이끌어 준 한준수 PD에게도 고맙습니다.

정치는 생물인지라, 책이 출간될 즈음이면 여기 담긴 몇몇 이야기가 이미 과거의 일이 되었을 테고, 몇몇 상황은 전혀 예측하지 않은 모습으로 바뀌었을지 모릅니다. 그러나 한국의희망이 정치를 바꾸고, 첨단산업을 중심으로 경제를 이끌어간다는 사실만큼은 변함이 없을 것입니다.

한국의희망 대표

양향자

차 례

머리말

1부

창당, 변화의 서막

한국의희망과 함께
"이제는, 건너가자!"

Q 양향자 대표님 안녕하십니까? 뵙게 되어 반갑습니다. 대표님께서는 오랫동안 글
로벌 반도체 기업에서 엔지니어로 일하다가 정계로 들어오셨습니다. 큰 결단이 필요했
을 텐데요. 어떻습니까? 정치 입문 전과 입문 뒤에 달라진 생각이나 철학이 있습니까?

양 사실 저는 정치인이 되겠다는 생각을 전혀 하지 않고 살았습
니다. 반도체 개발자로 30년 넘게 일할 때 사실 정치에 관심도 별
로 없었습니다. 올해로 정치에 입문한 지 8년 차인데, 아직도 '발가
락 하나 제대로 들여놓지 못했다' 그런 생각이 듭니다.

정치권에서 겪는 실제 정치는 생각보다 더 어렵습니다. 살면서
지금까지 해 온 모든 일 중에서 가장 어려운 일이 정치가 아닐까,
생각이 듭니다. 기업의 일은 어떤 목표가 정해지면 모두가 한 방향

으로 가면 됩니다. 하지만 정치는 전혀 다른 인식과 다양한 의견을 하나로 모아가는 과정이라 그게 참 어렵습니다.

Q 말씀은 겸손하신데, 정치 행보는 정반대입니다. 새로운 정당을 만들고 당대표가 되었습니다. 단도직입적으로 묻겠습니다. 한국의희망, 신당을 왜 만드셨습니까?

양 한국의희망의 슬로건이 "이제는, 건너가자!"입니다. 한국의희망의 창당 발기인이자 공동대표였던 최진석 명예교수님(서강대 철학과)의 철학이 담긴 문장입니다. 최 교수님은 대한민국의 대표적인 실천 철학자이고 한국의희망의 뿌리가 되어주신 분입니다.

최 교수님과 저를 포함해 한국의희망 창당 발기인들은, 대한민국이 지금 이상의 더 높은 곳으로 나아갈 수 있다고 믿었습니다. 대한민국이 도달할 높이가 지금 여기가 다가 아니라며 안타까워했습니다.

대한민국은 건국-산업화-민주화를 직선적으로 건너왔습니다. 인류사의 기적이고 위대한 업적이죠. 그러나 민주화 다음을 향해 건너가는 길에서 방향을 잃고 멈춰 섰다는 것이 우리의 판단입니다.

Q 그렇군요. 길을 잃고 멈춰선 원인이 뭐라고 생각하십니까?

양 정치죠. 정치가 가장 큰 문제입니다. 정치의 본질은 국민의 삶

을 개선하는 것입니다. 그 본질을 잃고, 심지어 대한민국이 민주화 다음으로 건너가는 길목을 가로막고 있습니다. 그래서 국민은 오랫동안 "이게 나라냐?"와 "이건 나라냐?"라는 비난을 서로 주고받으면서 귀중한 시간을 흘려보내고 있습니다.

정치는 사람이 합니다. 또 말로 하죠. 말에서 가장 중요한 것은 신뢰입니다. 우리 정치에는 신뢰가 없습니다. 정치가 신뢰를 잃으니, 국가도 나아갈 길을 잃습니다. 정치를 바꾸지 않으면 미래가 없습니다. 최 교수님은 이런 시국에 대해 "정치가 막장에 이르렀고, 국민은 외통수에 걸렸다"라고 평가했습니다.

이런 정치를 끝내야 한다, 이렇게 다짐했습니다. 이대로 무기력하게 절망을 받아들일 것인가, 아니면 새 희망을 쓰는 도전에 나설 것인가, 그 갈림길에서 우리는 '새로운 도전'을 선택했습니다. 추격

국가에서 선도국가로, 과거에서 미래로, 대한민국을 이제 건너가게 하려고 말입니다.

Q 추격국가에서 선도국가로 건너가자, 어떤 의미인지 좀 더 구체적으로 설명해 주시겠습니까?

양 '추격국가'란 선진국을 뒤따라가는 나라를 말합니다. 추격국가로서 도달할 수 있는 가장 높은 위치에서 다음 단계로 도약하지 못하면 추락하고 맙니다. 아르헨티나가 대표적입니다. 아주 높은 단계에 도달했었지만, 지금은 후진국 발 금융위기의 진원지가 될 정도로 추락하고 말았죠.

역사 속에서 건너가야 할 때 건너가지 못한 나라들은 그 상태를 유지하는 것이 아니라 모두 곧바로 추락했습니다. 높은 위치에 도달하고 나서 다음 단계로 건너가지 못하면 곧바로 추락합니다. 다시 말씀드리지만, 대한민국은 이제 건너가야 합니다.

가장 먼저 건너가야 할 것, 진영 정치

Q 정치가 막장에 이르렀다고 하셨는데, 싸우는 정치, 편 가르는 정치가 대표적일 것
같습니다.

양 맞습니다. 우리 정치의 가장 큰 문제가 '진영 정치'입니다. 저
는 이 시대 정치의 본령을 '경제 발전' '국민 통합' '비전 제시' 이
세 가지라고 봅니다. 지금은 그 중 어느 하나도 제대로 이루어지지
않고 있지만, 특히 국민 통합에 정치가 큰 걸림돌이 되고 있습니다.

남녀노소를 막론하고 모든 국민이 꿈꾸는 나라가 있습니다. 청
춘을 바쳐 산업화를 이루고, 목숨을 던져 민주화를 쟁취하고, 문화
와 스포츠로 세계를 제패한 우리 모두가 바라는 나라. 그것은 풍요
롭고, 자유롭고, 평등하고, 강하면서 품격 있는 나라일 것입니다.

그런데 지금은 진영이 갈라져 두 개의 대한민국이 되었습니다. 전쟁의 폐허에서 기적의 역사를 일구며 꿈꿔온 나라가 지금의 모습일까요? 국민이 원하는 것은, 보수의 대한민국도 진보의 대한민국도 아닙니다. 강남의 대한민국도, 강북의 대한민국도 아닙니다. 정권이 바뀌면 어제의 혁신이 오늘은 적폐가 되고 오늘의 정의가 내일은 범죄가 되는 그런 나라가 아닙니다. 진영에 따라 사실의 진위가 바뀌고, 정책의 찬반도 바뀌는 그런 나라가 아닙니다.

많은 국민이 진영에 갇혀 사고하고 판단합니다. 최진석 교수님이 들려준 중국 명나라 시대 이야기가 있습니다. 명나라 말엽에 이탁오라는 철학자가 이렇게 말했습니다.

"오십 살 이전의 나는 정말로 한 마리 개에 불과했다. 앞의 개가 그림자를 보고 짖으면, 나도 따라 짖었다. 누군가가 짖는 까닭을 물으면, 아무 말 못 하고 그저 쑥스럽게 웃을 뿐이었다."

진영에 갇혀 생각이 사라진 모습을 빗댄 이야기입니다. 생각이 없으면 진영에 갇히고, 진영에 갇히면 진영이 정한 주장을 얼마나 크게 재생하느냐만 중요하기 때문에 생각할 필요가 없습니다. 그러면 생각은 더 없어집니다. 그러니 반대를 위한 반대, 찬성을 위한 찬성을 하게 되는 게 아닐까요?

Q 대표님 말씀을 들으니 후쿠시마 핵 오염수 방류 이슈가 떠오릅니다. 핵 오염수 방류에 찬성한 국민의힘이, 문재인 정부 시절 야당일 때는 방류에 반대했었잖아요?

양 네. 그렇게 철학이 오락가락하기 때문에 80%의 국민이 핵 오염수 방류에 반대한다고 생각합니다. 국정을 운영하는 정당이 일관성 없이 진영에 따라, 상황에 따라 판단해서야 되겠습니까?

현재 국민의힘의 지도부는 문재인 정부에서 야당일 때 후쿠시마 오염수 문제가 제기되자 일제히 방류에 반대했습니다. 바다를 끼고 있는 제주도의 원희룡 전 도지사가 가장 크게 반대했죠. 그런데 지금은 어떻습니까? 찬성 입장입니다. 후쿠시마 오염수처럼 국민적 우려가 큰 사안은 대통령과 정부, 여당이 불안해하는 국민을 충분히 설득해야 합니다. 국정 운영 세력이 이랬다저랬다 하면 어떤 국민이 믿겠습니까? 핵 오염수 사태는 우리 정치가 얼마나 '문제 해결에 무능한가'를 보여준 사안이라고 생각합니다.

저는 이 문제와 관련해 2023년 여름에 이렇게 비판한 적이 있습니다. "정부·여당에게는 '국민'이 없고, 민주당에게는 '과학'이 없다." 즉 국민 감성을 충분히 고려하지 않고 강행하는 정부·여당의 잘못이 가장 크고, 과학과 이성이 아닌 감성만으로 접근해 국민 불안을 증폭시키는 민주당도 반성하라는 뜻이었습니다.

어떤 정치적 사안이든, 국가적으로 또 미래를 내다보며 국민을 위해서 판단하고 결정해야 합니다. 그러나 우리 정치권은 유불리를 먼저 따져서 유리하면 찬성하고 불리하면 반대합니다. 그 유불리는 국정 지지율이나 선거 득표율에 관한 것이지, 국가나 국민의 입장이 아닙니다.

지금은 정치의 IMF 시대

Q 지난 9월 창당을 선언한 이후, 양 대표님이 김기현 국민의힘 대표를 예방하시는 모습을 뉴스로 접했습니다. 당시 이재명 더불어민주당 대표가 대정부 투쟁의 일환으로 단식 중이었는데, 양 대표님이 김기현 대표에게 "당장 이재명 대표를 만나라"라고 하셨습니다. 양당 간 대화와 협치가 없던 상태라, 언론에서 매우 크게 보도했습니다.

양 너무 당연한 말이었는데, 협치를 주도하는 정치인이 없으니 혹시 제 말에 대화의 물꼬가 트이나 싶어 언론의 기대가 컸던 것 같습니다. 결국, 김기현 대표는 단식장을 찾지 않았고, 대통령과 이재명 대표는 대통령 취임 1년 7개월이 지난 지금까지도 만나지 않고 있습니다. 이건 그때 제가 김기현 대표에게 전했던 말입니다.

김기현 대표님.

국민이 원하는 정치는 뭘까요. 바로 대화와 타협이고 이를 위해 가장 중요한 것이 소통입니다. 소통은, 강자가 약자의 말을 듣고 반영하는 것이라고 생각합니다. 그러나 지금 행정부 강자(대통령)나 입법부 강자(민주당)는 약자나 소수의 말을 듣지도, 반영하지도 않습니다.

윤석열 대통령과 이재명 대표는 마주 보고 달리는 기관차처럼 정면으로 충돌하려 하고 있습니다. 보는 국민은 불안하고 답답하고 화가 납니다. 여당이 나서야 할 때입니다. 김기현 대표님이 역할을 해주셨으면 좋겠습니다. 당장 이재명 대표님을 만나주시기 바랍니다. 지금 건강 상태가 매우 안 좋은 것으로 알려져 있습니다. 만나서 들어주십시오. 그것만으로 많은 문제가 풀릴 수 있습니다. 많은 국민이 안심할 수 있습니다. 부디 정치를 복원해 주시기 바랍니다. 정치가 살아야 나라가 살고 국민도 살 수 있습니다.

2023년 9월 12일

Q 소통은 강자가 약자의 말을 듣고 반영하는 것이다, 만나서 듣는 것만으로도 많은 문제가 풀린다, 공감이 가는 말입니다. 그러고 보면 협치가 그렇게 어려운 일은 아닌데 말이죠. 그날 김기현 대표는 어떤 반응이었습니까?

양 김기현 대표는 저에게 짜증을 내는 듯 보였습니다. 제 말 중에 강자와 약자 얘기가 있는데, 그게 마음이 들지 않았던지, "지금 국회에서 강자는 국민의힘이 아니고 민주당이다" 이런 말을 했습니다. 피해의식이 있어 보였습니다. 그리고 "이재명 대표에게 만나자고 했는데 응하지 않았다"라는 말도 했고요.

김기현 대표는 자신이 약자라고 생각한 모양인데, 집권 여당이 어떻게 약자일 수 있습니까? 가장 큰 권한을 가진 대통령이 어찌 약자겠습니까? 집권에 성공하면 그는 강자입니다. 대화와 설득, 협치와 협상 모두 일차적 책임은 강자인 대통령과 집권 여당에 있다고 생각합니다.

Q 그 이후에도 계속 '정치 복원'을 주장해 온 것으로 압니다. 국회에서 따로 협치를 촉구하는 기자회견도 하셨죠?

양 제 주장의 전제는 이겁니다. "정치는 전쟁이 아니다." 정치는 상대를 파트너로 보지만, 전쟁은 상대를 적으로 봅니다. 국민의힘과 민주당은 서로를 파트너로 보는 것이 아니라 싸우고 죽여야 하는 적으로 생각하는 것 같습니다. 서로 만나 막힌 정국을 풀고 산처럼 쌓인 절박한 민생 현안들을 해결하기 시작하면 국민이 얼마나 좋아하겠습니까?

2023년 추석 전에 제가 또 이런 제안을 했습니다. 당시는 이재명 대표의 구속영장이 법원에서 기각된 때였습니다. 세 가지를 요구했죠. 첫째, 윤석열 대통령은 검찰의 정치개입 행위를 막아라. 둘째, 이재명 대표는 구속영장 기각을 또 다른 정치 전쟁의 무기로 쓰지 마라. 셋째, 거대 양당은 당장 만나서 민생경제 회복을 위한 법안 처리를 논의하라. 그리고 마지막으로 "제발 대통령과 이재명 대표가 국민이 추석에 작은 희망이라도 가질 수 있도록, 한 진영의 대표가 아닌 국가의 지도자로서 담대한 통합과 따뜻한 위로의 메시지를 좀 내달라!" 이렇게 말했습니다. 이뤄지지는 않았죠.

10월 중순에 제가 한 번 더 협치를 제안합니다. "당장 대통령과 여야 대표들이 회동하자!" 강하게 얘기했습니다. 당시는 국민의힘이 인요한 혁신위원장 체제로 접어들던 때였습니다. 정치권 모두가 '통합'과 '혁신'을 말하던 시기였죠. 제 주장은 이랬습니다.

'혁신'이 뭐냐? 불편한 것을 견디는 힘이다. '통합'은 뭐냐? 진영과 이념을 넘어서는 것이다. 그런데 대통령은 지금껏 본인이 편한 방식으로 소통하고 본인이 원하는 방식으로 국정을 운영하고 있다. 국민의힘과 민주당도 각자의 진영에 갇혀 상대 당 대표를 '범죄자'니 '바지사장'이니 조롱하며 서로의 만남 제안을 거부하고 있지 않으냐, 이렇게요.

Q 구체적인 제안을 하신 것도 있죠?
—

양 네. 대통령과 여야 대표가 회동해서 세 가지를 선언하자고 했습니다. 첫째, '혐오정치와 이념투쟁 중단'을 선언하자. 둘째, 국회에 계류 중인 '민생입법 조속 통과'를 선언하자. 셋째, '대통령과 야당 대표 회동의 정례화'를 선언하자.

대통령이 야당을 만나 설명하고 설득하면서 국정을 운영해야 합니다. 야당 대표도 대통령을 만나면 반대를 위한 반대만 하지 말고 국가와 국민을 위해 초당적으로 협력할 것은 협력해야 하는데, 지금은 그저 자신의 성에 갇혀 서로에게 으르렁대고만 있는 형국입니다. 지금 정치권을 보면서 국민은 "초등학생 싸움도 그렇게는 안 한다."고 하잖아요?

Q 정부·여당과 야당이 자신의 세계에 갇혀서 상대를 적으로 간주하고 전쟁을 하고 있다, 이런 말씀인데, 해결할 방법이 있기는 한 걸까요?

양 저는 지금이 정치의 IMF 시대라고 생각합니다. 1997년이 경제 주권을 포기한 경제의 IMF 시대였다면, 2023년은 정치권이 자신의 역할을 포기한 정치 실종의 시대라는 것이죠.

정치를 복원시키는 방법이 그리 거창하지는 않다고 생각합니다. 사람 사는 세상의 이치가 다 비슷합니다. 정치도 사람이 하는 일 아닙니까? 우선은 만나야 합니다. 만약 이재명 대표의 단식 국면에서 김기현 대표가 찾아갔다면, 그날 대화가 이뤄지지는 않아도 훗날 대화 제의에 명분이 생기고 힘도 실렸을 겁니다.

그런데 김기현 대표는 '관종'이라며 이 대표를 욕했죠. '단식 쇼'

라고도 하고요. 정치를 너무 감정적으로 하고 있습니다. 이후 김기현 대표가 여러 차례 회동을 제안하지만, 이 대표는 응하지 않고 있잖아요? 이를 보는 국민이 김기현 대표 편을 들까요? 아니라고 생각합니다. "그렇게 상대 당 대표가 힘들게 단식할 때 좀 찾아가 보지 그랬냐"라고 핀잔을 하겠죠.

Q 대통령과 야당 대표의 만남도 성사되지 않고 있습니다.
—

양 윤석열 대통령도 당선되자마자, 취임하자마자 야당 대표를 만
— 나야 했습니다. 만나는 게 뭐 그리 어렵습니까? 예의상 다 하는 일 아닙니까? 옆집에 새로 이사 온 이웃도 떡 들고 찾아가서 인사하잖아요. 대통령은 왜 그리 못합니까? "잘 부탁한다." 그 한마디를 못 하면서 무슨 정치를 하나요? 만나서 꼭 정치적 협상을 해야 하고 또 이겨야 하고, 그런 강박을 가질 필요도 없습니다. 가끔은 일부러 져주고, 가끔은 알고도 속아주고. 그게 세상 사는 이치고, 그게 정치 아닐까요.

Q 많은 사람들이 지금의 한국 정치가 상대를 너무 '악마화'하고 있다고 비판합니다.
— 한국의희망은 어떤 대안이 있습니까?

양 편 가르기 정치, 악마화 정치, 그만해야죠. 지난 10월 양당의
—

대표가 모여 '신사협정'을 맺은 건 잘한 일입니다. 국민의힘이 거리 현수막으로 상대 당에 대해 악다구니하는 정치 안 하겠다고 선언한 것도 칭찬할 일입니다.

한국의희망 강령에는 이런 구절이 있습니다. "상대 정치 세력에 대한 악마화와 사회갈등을 부추기는 언행을 금하고 대화와 타협, 품격의 정치를 우선한다." 이와 같은 철학을 모든 정당이 천명해야 한다고 생각합니다. 지금은 정치권의 말이 너무 거칩니다.

정치 격언 중에 "분노하되 경멸하지 말라"라는 말이 있습니다. 상대를 향한 정당한 분노는 국민의 공감을 사지만, 경멸은 공감을 사기 어렵습니다. 조롱의 언어는 자기편 사이에서는 재미있고 즐거울 수 있어도 일반 국민에게는 외면받습니다.

회사에서 두 사람이 다투고 있다고 생각해 보세요. 자기 논리를 침착하게 하나씩 이야기하면 주위 동료들이 들어도 주고 이해도 해주고 편도 들어주지만, 막말하고 비아냥대면 다들 외면해버리지 않습니까? 지금 정치권의 언어는 일반 국민의 공감을 사기 위한 것이 아니라 자기 지지층을 위해 하는 말일 뿐입니다.

Q 막말을 자주 일삼는 쪽은 어느 당이라고 생각하십니까?

양 양당 모두 비슷합니다. 예를 하나 들어보죠. 지난 11월 초, 윤석열 대통령이 국회에서 2024년 예산안에 관한 시정연설을 하는

데, 민주당의 한 의원이 악수를 청하는 대통령에게 "이제 그만두시라"라며 하야를 요구하는 듯한 발언을 했습니다. 그게 대통령 들으라는 말일까요? 지지자 들으라는 말일까요? 그건 자신의 수장인 이재명 대표 들으라는 말이고, '개딸' 같은 강성 지지층을 위한 '팬서비스'라고 생각합니다.

그런 도발이 어떤 건설적인 효과를 낳겠습니까? 협치를 막고, 정치적 대화도 방해합니다. 의원들이 자신의 선명성을 과시한다고 그런 식으로 막말을 하면, 당 지도부가 공식적으로 야단을 쳐야 합니다. 그런데 하지 않잖아요?

그러니 국민의힘뿐만 아니라 국민들께서도 이재명 대표의 협치에 대한 의지를 의심하는 겁니다. 앞에서는 협치를 말하면서 뒤에서는 그런 공격을 퍼붓는 자당의 의원들에게 혹시 '체리따봉' 이모티콘을 보내는 건 아닐까, 그런 생각을 하는 거죠.

협치의 8할은 상대방에 대한 예의와 존중에서 비롯된다고 생각해요. 그런데 우리 정치권은 예의도 존중도 부족합니다. 국민보다는 공천권자를 더 두려워하는 정당 문화가 국민의힘과 민주당 모두에서 상대에 대한 예의와 존중이 사라지도록 만들고 있습니다.

아울러 저는 지도자의 '옹졸한 마음'이 협치의 걸림돌처럼 보입니다. 제가 나이가 들어보니, 또 정치권에 와보니 새삼 느끼게 됩니다. 나이가 들수록, 사회적 지위가 높아질수록 자연스레 사람이 의연해지고 담대해지는 건 아니더군요. 오히려 더 감정적으로 굴

거나 토라지는 경우도 많이 봤습니다.(웃음)

부디 대통령을 비롯해 여야의 지도자들은 옹졸하지 않았으면 좋겠습니다. 담대하고 여유롭게 국민을 위해 정치를 해주기를 바랍니다. 무능한 지도자는 참아도 옹졸한 지도자는 못 참는 것이 민심이라고 생각합니다.

서울콜로키움,
이제 정치인도 교육받자!

Q 그런 의미에서 정치인의 자질 문제가 중요할 것 같습니다. 한국의희망은 당원의

자질, 지도자의 수준을 높이기 위해 어떤 노력을 하고 있고, 어떤 시스템을 갖추고 있습

니까? 창당 선언을 보니, '정치학교'에 큰 비중을 두고 있다고 느꼈습니다.

양 우리 당의 철학과 가치에 큰 영향을 준 최진석 교수님이 정한

'당원 십계명'이 있습니다. 당원에 가입할 때 질문을 하고 일종의

약속을 받습니다. 강제적인 것은 아니지만, 한국의희망의 가치와

지향을 잘 설명해 준다고 생각합니다. 십계명을 만든 이유는 '생각

하는 당원이 되자'는 의미에서입니다. 스스로 다른 내가 되기 위해

노력하고, 국가를 위해 봉사하고, 진영 논리를 벗어나려 애쓰고, 평

론가가 아닌 참여자로 정치에 임하며, 열심히 운동하면서 건강하

게 살자는 내용입니다.

한국의희망 당원임이 자랑스럽다, 이렇게 생각하게 하고 싶습니다. 이념과 철학은 우리와 다르지만, '중국공산당원' 시스템에 몇 가지 인상적인 부분이 있었습니다. 중국공산당 당원이 9천8백만 명 정도 되고, 35세 이하 당원이 80%가 넘는다고 합니다. 전 세계 정당 중 가장 엄격하게 당원을 선발하기로 유명하죠. 당원 가입에만 2년쯤 걸릴 정도로 까다롭습니다.

당원 중 공직에 진출하는 사람이 많고, 따라서 그런 역할을 할 수 있는 자질을 키우기 위한 의무 사항도 많습니다. 가장 중요한 것이 '모범의 의무'이고, 부당한 특권을 누리지 않는 것이라고 합니다. 그렇게 국가와 국민을 위한 삶을 다짐하고 실천하기 때문에 소속감과 자부심이 매우 높다고 합니다.

Q 당내 정치학교의 이름을 '서울콜로키움'으로 지으셨습니다. 어떤 의미를 담은 이름입니까?

양 우선 정치학교 교장 선생님을 소개해야겠습니다. 최연혁 스웨덴 린네대학교 정치학과 교수님이십니다. 북유럽 정치제도와 리더십 전문가입니다. 최 교수님에게 이번 1기 신입생의 입학 자격을 물으니 이렇게 답하시더군요. "모든 특권을 내려놓고 나라를 위해 봉사할 준비가 된 사람." 그만큼 당원과 지도자의 권리보다는 의무

한국의희망 당원 가입을 위한 열 가지 질문

1. 나는 대한민국을 사랑하고, 내 정치 행위의 중심을 대한 민국의 이익에 맞추겠습니다.
2. 나는 더 나은 내가 되려고 항상 노력하겠습니다.
3. 나는 대한민국을 추격국가에서 선도국가로 도약시키는 일에 적극적으로 참여하겠습니다.
4. 나는 최소한 한 달에 한 권의 책을 읽겠습니다.
5. 나는 집단으로 정해진 생각에 빠지지 않고, 나 스스로 생각할 줄 아는 능력을 키우겠습니다.
6. 나는 가만히 앉아 있는 시간을 줄이고, 운동을 열심히 하겠습니다.
7. 나는 예술 감상을 더 적극적으로 하겠습니다.
8. 나는 자녀를 교육의 대상으로 대하기보다는 사랑의 대상으로 대하기를 더 잘할 것입니다.
9. 나는 3인칭의 평론가 태도보다는 1인칭의 참여자 태도로 살 것입니다.
10. 나는 과거를 살피는 일보다는 미래를 꿈꾸는 일을 더 잘하겠습니다.

를 중시하는 것이 한국의희망의 정신이라고 할 수 있습니다.

'콜로키움(colloquium)'은 연구 모임이나 전문가 모임을 뜻합니다. 그 자체로 '의회'라는 뜻도 가지고 있습니다. 서로 대화하고 토론하며 배움을 이어가는 의회 학교, 국회 학교라고 할 수 있습니다. 머지않은 미래에 '서울콜로키움' 출신이라고 하면 지도자의 자질을 충분히 갖추었다는 뜻이 될 수 있도록, 열심히 체계적으로 운영할 계획입니다.

서울콜로키움은 "왜 한국의 정치인들은 교육을 받지 않는가?"라는 질문에서 시작했습니다. 일반 직장인도 입사할 때 승진할 때 교육을 받습니다. 그런데 우리 정치인은 입문할 때도, 입문 후에도 교육을 받지 않습니다. 그러니 쉽게 사명감을 잊고, 권력 놀음에 빠지고, 부패해지고, 특권에만 관심을 갖게 된다고 생각합니다.

한국의희망을 정당이자 학교, 학교이자 정당으로 만들고 싶었습니다. 서울콜로키움의 모토가 "준비된 지도자가 세상을 바꾼다!"입니다. 준비된 지도자. 정말 중요합니다. 준비 안 된 지도자는 나라를 위기에 빠뜨리죠. 역량 없는 정치인은 정치를 후퇴시키고요.

지금 대한민국에 정치가 없고, 대화와 토론이 사라지고, 정쟁과 증오만 넘쳐나는 이유가 뭘까요? 저는 실력과 품격을 갖춘 준비된 지도자가 부족하기 때문이라고 봅니다.

보통 지도자의 자질로 전문성과 도덕성으로 꼽습니다. 저는 여기에 '대화와 설득의 기술'을 더하고 싶습니다. 도덕성과 전문성,

대화와 설득의 기술. 이 세 가지 중 하나만 없어도 훌륭한 지도자가 될 수 없습니다. 바르고 똑똑하기만 하면 뭐 합니까? 자기 생각을 상대에게 국민에게 전달하고, 이해시키고 설득할 수 있어야 정치인이죠. 상대의 생각, 의견, 입장도 이해하고 존중할 수 있어야 하고요. 이 모든 것을 가르치는 곳이 서울콜로키움입니다.

아직까지 양당에는 체계적·상시적·선진적 교육 시스템이 없었습니다. 제대로 된 정치학교를 운영하는 것은 새로운 정치를 추구하는 신당의 의무라고 생각합니다. 실력과 품격으로 정치를 바꾸고, 나라의 미래를 이끌 지도자를 배출하는 것. 그것이 한국의희망의 최우선 사명이라고 생각합니다.

지난 10월 초에 서울콜로키움 1기가 출발했습니다. 총 10주 프로그램인데, 신입생 중에는 저와 금태섭 전 국회의원도 있습니다.

Q 다른 정당도 정치학교를 운영합니다. 서울콜로키움이 다른 정당의 정치학교와 다른 점은 무엇인가요? 어떤 교과과정으로 운영하고 있습니까?

양 제가 민주당 선출직 최고위원을 두 번 했고 각종 정치 아카데미의 강사로도 여러 번 나갔습니다만, 기존 정당 내 정치학교는 선거 등 특정 이벤트가 있을 때만 열리는 일회성 교육인 경우가 많습니다.

대개 명망가, 셀럽, 당의 리더 등이 강사로 참여하는 특별강좌

프로그램입니다. 다양한 주제를 조금씩 다룰 뿐, 깊이가 없고 일관성이나 체계성이 떨어졌습니다. 공천을 앞둔 예비 출마자들이 당 지도부에 눈도장을 찍기 위해 수강하는 경우도 많습니다.

최연혁 교수님이 이끄는 서울콜로키움은 제도, 정책, 리더십, 토론, 설득 등 정치인이 갖춰야 할 다양한 역량을 체계적으로 가르칩니다. 기초, 중급, 고급, 특별, 응용과정으로 나누어 진행하고 학생들 각자에게 최종 미션도 부여합니다. 정책 분야를 예로 들면, 총괄 7개 분야와 세부 20개 분야 중에 수강생이 3개 분야를 선택해서 최종적으로 본인의 정책 포트폴리오를 만드는 것까지 프로그램이 진행됩니다.

서울콜로키움의 벤치마킹 대상은 프랑스의 마크롱 모델, 스웨덴의 신세대 정당 지도자 배출 시스템 등입니다. 북유럽 정치제도의 전문가이며 정치교육에 해박한 최연혁 교수님이 모든 교육과정과 방식을 기획하고 주도합니다. 이를 통해 정치에 즉각 투입할 수 있는 역량을 갖추게 한다는 목표를 가지고 있습니다.

Q 무척 흥미롭군요. 1기 과정을 진행하는 중인데, 학생으로서 소감이 어떻습니까? 정치하는 데 실제로 도움이 되었습니까?

양 우선 매우 재미있습니다. 1기 학생들 모두 새로운 경험을 하고 있다고 생각합니다. 제 경우에는 소통과 타협을 위한 설득 모델에 관심이 많고 흥미롭기도 합니다. 링컨-더글라스, Toulmin, PDA(Political Discursive Analysis), PMQ(Prime Minister's Question) 등 세계의 다양한 토론 모델을 배우면서 정치에 눈이 좀 더 트이는 거 같습니다.

미국, 영국, 스웨덴 등 국가의 주요 지도자 134명의 내적 요소, 철학, 세계관, 정치역량, 업적 등을 분석해 외사법적 투사, 지도자 이론, 전문가적 분석기법으로 학습하는 것도 매우 흥미롭습니다. 매주 토요일마다 수업하는데, 재미있는 과목을 들으러 학교에 가는 아이처럼 가슴이 설렙니다.

수업에서 아주 근본적인 깨달음을 얻기도 했습니다. 정치란 무엇인가? 정치인의 역할은 무엇인가? 지도자는 어떤 능력이 있어야 하는가? 국가의 역할은 무엇인가? 민주주의란 무엇인가? 이런 질문을 스스로 하게 되고, 혼자 곰곰이 생각하게 됩니다. 수업에 참여하는 여러 학생들과 함께 토론하고 고민하면서 하루하루 성장하는 느낌도 들고요.

양당 정치를 다당 정치로!

Q '민주주의란 무엇인가?' 이런 질문을 해 본다고 하셨습니다. 질문 끝에 어떤 답을 찾았습니까?

양 한국의 민주주의는 매우 큰 변화를 요구받고 있습니다. 민주주의란 다양성 아니겠습니까? 각자 다른 생각을 하는 사람들이 하나의 세상에서 살아가는 지혜다, 이런 얘기도 있습니다. 그런데 우리 정치에서는 다름을 '틀림'이라고 하고, 나와 다르면 제거의 대상으로 여기는 경우가 많습니다.

국회에서 국회의원들을 보면 가끔 '투사' 같다는 생각이 듭니다. 물론 투사 같은 정치인도 필요하죠. 그런데 이분들은 군인 같고 돌격대 같습니다. 극단적 지지층은 그들에게 끊임없이 투지를 불러

일으키는 관객이자 응원단이고요. "싸워라! 싸워라! 죽여라! 죽여라!" 이렇게 부추기는 상황입니다.

국회라는 콜로세움에서 국회의원이라는 검투사들이 각각 지지층의 응원과 연호 속에 상대와 싸우는 형국이랄까요. 그래서 그들을 정치 '훌리건'이라고도 하죠. 축구장에서 응원하다가 난동 부리고 폭력을 쓰는 훌리건에 빗대서 말이죠.

이런 정치에서는 점잖은 정치인은 인기가 없습니다. 앞에서 국회에 시정연설을 하러 온 대통령에게 하야하라고 도발한 국회의원 이야기를 했는데요. 그 의원을 지지하는 분들 눈에는 그분이 적군 수장의 가슴에 숨겨놓은 칼을 꽂은 용감한 병사처럼 보였을지 모르겠습니다.

여하튼 우리 정치는 신사보다는 투사가 더 인기가 높습니다. 정치인의 무기는 말이니까, 말이 거칠면 거칠수록 강하면 강할수록 더 환호를 받습니다. 그래서 정치인의 말은 점점 더 거칠어지고 자극적으로 변해갑니다.

자, 그런 정치인들을 걸러낼 수 없는 가장 큰 이유가 무엇일까요? 저는 우리 정치가 양당 독점이라서 그렇다고 생각합니다. 악마화 정치도 거기에서 비롯된 것입니다. 상대를 악마화 하고 못쓰게 만들어 지지를 끌어내리면, 다른 한쪽의 지지가 올라가는 반사이익 구조이기 때문이죠.

Q 양당 정치를 깨야 한다는 말씀이신가요?
—

양 3당 경쟁 체제를 상상해 보세요. 예컨대 한국의희망 등 3당이 국회 300석 중 100석을 가졌다고 생각해 봅시다. 국민의힘과 민주당이 100석씩 차지하고 있고요. 법안 하나를 통과시키려고 해도 국회 과반, 150석이 필요하니까 다른 정당과 대화하지 않을 수가 없죠. 협치가 시작되는 겁니다.

지금 민주당이 국회 제1당이고 150석 이상을 가지고 있습니다. 그런데 정치가 잘 돌아가고 있습니까? 민주당이 법안을 단독으로 처리하면 대통령이 매번 거부권을 행사하는 대치 국면이 계속되고 있습니다.

여소야대 국면은 대통령의 권력을 견제하는 순기능보다 국정을 방해하는 역기능이 더 큰 것이 사실입니다. 물론 현재 야당인 민주당은 폭주하는 대통령을 그나마 여소야대의 국회 덕분에 저지할 수 있다는 입장이고, 국민의힘은 의회 강자인 민주당이 대통령이 아무 일도 못 하게 한다고 주장하겠죠.

Q 다당제가 실현되려면 현재의 선거제도, 승자독식의 소선구제를 바꿔야 할 텐데요. 국회에서 논의가 제대로 안 되는 것 같습니다.
—

양 거대 양당이 선거제도를 개혁하기는 쉽지 않습니다. 겉으로는 여야가 선거제도의 '대표성'과 '비례성'을 강화하겠다고 하지만, 이를 위해 합의한 게 없지 않습니까? 한 선거구에서 여러 명을 뽑는 중대선거구제로 바꾼다는 등 말은 많았지만, 지금까지 국회에서 합의된 건 딱 하나, 현행 소선거구제로 지역구 253석을 그대로 뽑는다, 이것밖에 없습니다.

그러면 이제 남은 것은 비례대표 47석을 뽑는 방식인데, 정당 간 입장 차가 좁혀지지 않고 있습니다. 2016년 총선 때처럼 병립형으로 갈 거냐, 아니면 현행 제도인 준 연동형 비례대표제를 유지할 거냐, 이 논의만 계속되고 있습니다.

그나마 나아진 게 있다면 2020년 총선 때처럼 위성정당이 나오지 않도록 '위성정당금지법'을 만들자는 요구가 크다는 겁니다. 그러나 이것도 가능할지 모르겠습니다. 결국, 현재의 선거제도로는 제3당이 크게 성공할 가능성은 없습니다. 국민이 이 같은 불합리를 생각해 제3당을 많이 찍어주시는 방법밖에는 없는 거죠.

선거제도 개혁은 애초에 불가능한 일이었는지도 모르겠습니다. 국회의원들이 자신들의 이익, 즉 의석이 줄어드는 방식으로 선거제도를 고치고 싶겠습니까? 이익충돌이죠. 따라서 선거법 논의는 이해당사자인 국회의원들은 빠지고 제3자, 제3기구가 주도해야 합니다. 실제로 뉴질랜드는 왕립위원회라는 제3기구에서 선거법을 고친다고 합니다.

Q 결국, 현재로서는 유권자가 제3당을 선택하는 방법밖에 없다는 말씀인데, 지난 10월 강서구청장 보궐선거 결과를 보면 거대 양당이 치열하게 싸우면서 오히려 제3당 득표가 줄었다는 평가가 많습니다. 국회에서 세 번째로 큰 정의당 후보도 1%대 득표에 그쳤습니다.

양 선거가 양당의 전면전 양상이 되면서, 국민이 제3당까지 눈을 둘 겨를이 없었죠. 2023년 10월 보궐선거 전에 저는 '강서구청장 선거, 윤석열과 이재명의 리턴매치 되면 안 된다'라고 성명을 냈습니다. 사상 초유의 비호감 선거였던 2022년 대선의 리턴매치 성격으로 변질되고 있다고 걱정하면서, 정치권과 유권자의 각성을 촉구했습니다.

그리고 이번 보궐선거가 진영 논리에 중독된 한국 정치의 해독제가 되기를 바랐습니다. 국민의힘이 얼마나 무능합니까? 민주당은 또 얼마나 무책임합니까? 이 둘이 합쳐져 한국이 끝을 알 수 없는 위기로 달려가고 있는 것 아니겠습니까? 그래서 강서구청장 보궐선거가 거대 정당의 기득권을 확대 재생산하는 무대가 되어서는 절대 안 된다고 생각했습니다.

사실 이번 보궐선거는 양당 모두에 잘못이 있었습니다. 민주당은 감찰 무마로, 여당은 특별사면으로 법치를 유린하고 보궐선거를 불러냈으니까요. 그래서 서로 공천하지 않는 '무공천'이 맞는 거였습니다. 그러나 양당이 선거를 포기할 리 없고, 특히 민주당은 대표가 사법 리스크로 끌려다니는 국면을 반전할 수 있는 절호의 기회로 활용하고자 했습니다.

결국, 국민의힘은 김행 여성가족부 장관 후보자의 부도덕과 오만함까지 악재로 작용하면서 참패를 당했습니다. 국민들께서 화가 많이 났죠. 강서구민도 다른 생각을 할 겨를이 없었을 겁니다. 보궐선거의 유책당사자인 국민의힘과 김태우 후보, 또 그를 사실상 공천한 대통령이 큰 심판을 받았습니다. 득표율 차 17%가 넘는 완패였습니다.

그러나 이재명 대표의 말처럼 민주당이 승리한 게 아니고 국민의힘이 패배한 선거였습니다. 민주당은 국민의힘과 대통령을 혼내줄 회초리로 쓰였을 뿐입니다. 결국, 승자는 없었던 거죠. 만약 오만에 빠져 일방적 국회 운영, 극단적인 대치 국면을 이어간다면 다음 총선에서 민주당도 민심의 준엄한 심판을 받을 겁니다.

Q 지난 보궐선거를 2024년 총선의 전초전으로 생각하는 사람이 많습니다. 그렇다면 다음 총선도 양당의 전면전이 될 테고, 제3당에 대한 관심은 그리 크지 않을 수 있을 것 같습니다.

양 오랫동안 이어져 온 거대 양당의 체제를 바꾸기는 쉽지 않을 겁니다. 사실 국민의 관심도 '이번 선거에서 국민의힘과 민주당 중 누가 이길까?' 여기에 쏠려 있습니다. 그러니 당연히 둘 중 한쪽을 선택하는 분이 많겠죠.

한국의희망의 과제는 이 프레임을 바꾸는 겁니다. 진영 전쟁, 여야 대결을 어떻게 미래 대 과거, 혁신 대 구태로 바꿀 수 있느냐, 이것이 다음 선거의 관건입니다. 선거를 앞두고 국민에게 '윤석열 심판론', '이재명 심판론' 중 하나를 고르라고 하면, 무당층 빼고 반반으로 갈립니다. 보통 무당층은 투표를 잘 안 하니까, 실제 선거 결과는 강서구청장 보궐선거와 비슷하겠죠.

그러나 질문을 바꿔봅시다. 우리 정치를 이대로 둘 것인가? 한국 정치, 이대로도 괜찮은가? 우리 아이들을 지금과 같은 세상에 살게 할 것인가? 이렇게 묻는다면, 아마 모든 국민이 "아니다"라고 답할 겁니다.

Q 좋은 말씀입니다. 그러나 보수와 진보로 나뉜 정치 구도를 어떻게 바꿀 수 있을까요? 진영과 이념이 너무 강하게 정치를 지배하고 있는 모습입니다. 여론조사기관에서 내놓은 시민 정치의식 조사 결과를 보면, 가치와 다양성을 중심으로 판단하고 선택하는 것으로 나타납니다. 그러나 막상 어떤 선택을 하는지 투표행태를 조사해보면, 표 쏠림 현상, 즉 강자에게 편승하는 결과로 귀결되는 경향으로 나타납니다.

양 여론조사 결과를 보면 약 70%의 응답자가 양당을 지지합니다. 70%의 표를 양당이 나눠 갖는 형국입니다. 무당층은 약 30% 이고, 이 규모는 사상 최고 수준입니다. 그러나 무당층의 절반은 투표장에 안 온다는 것이 지금까지의 정설입니다. 그리고 그 절반도 지지해서라기보다는 사표 방지 심리 때문에 양당 중 한쪽을 선택한다고 합니다.

이 같은 과거의 정설을 새로운 신화로 바꾸는 것이 우리 한국의희망의 과제입니다. 많은 분께서 과거에 신당이 결성될 때와는 분위기가 사뭇 다르다고 말씀하십니다. 제 개인적인 느낌으로는, 100명을 만나면 99명이 한국의희망에 기대를 가지고 있습니다. 새로운 선택지를 고를 준비가 되어있다고 생각합니다. 거대 양당으로는 안 된다, 이대로는 안 된다, 이런 생각이 지배적이라고 봅니다.

사실 사람의 생각이 어떻게 흑과 백 두 가지만 있겠습니까? 찬성과 반대만 있겠습니까? 진보와 보수만 있겠습니까? 그렇지 않습니다. 예전 제가 어릴 때는 크레파스나 물감에 '살색'이라는 표기가 있었습니다. 지금은 없어졌죠. 사람의 살은 한 가지 색이 아니니까요. 까만색도 살색이고, 노란색도 살색이고, 갈색도 살색입니다. 살의 색깔도 그렇게 다채로운데, 사람의 생각과 의견은 얼마나 더 다양하겠습니까? 그런데 우리 정치는 어떤 문제든 두 가지 의견밖에 없습니다. 국민의힘의 의견, 민주당의 의견, 아니면 진보의 입장 보수의 입장이죠.

자, 예를 들면 저는 대한민국 국방 분야는 좀 더 보수적이면 좋겠습니다. 글로벌기업은 더 키워야 한다고 생각합니다. 그런데 제가 이러면 사람들은 저를 보고 '보수'라고 합니다.

복지에 대한 제 생각을 말해볼까요? 보편복지를 더 늘려야 한다고 생각합니다. 성소수자 문제와 관련해서는, 그들도 그저 똑같은 한 사람이라고 생각합니다. 언론이나 문화는 더 다양해졌으면 좋겠고요. 그럼 저는 '좌파'라고 불리겠죠. 그런 진영논리, 흑백논리를 깨자는 것이 한국의희망이 태어난 이유입니다. 살색은 이거다, 이런 규정과 구태를 없애자는 겁니다. 국민이 원하는 바도 마찬가지라고 생각합니다.

대권 주자와 지역 기반의 함정

Q 흔히들 신당이 성공하려면, 대권 주자가 한 명은 있어야 하고, 강력한 지역 기반
도 있어야 한다고 말합니다. 솔직히 한국의희망은 두 가지 다 분명치 않다는 평가도 있
습니다. 어떻게 생각하시는지요?

양 신당 세력 중 가장 먼저 한국의희망이 공식 창당했습니다. 지
난 8월 28일이었습니다. 정치계는 물론이고 언론의 관심도 큽니
다. 그러나 그 관심은 "왜 창당했는가?" "어떤 대한민국을 꿈꾸는
가?"라는 본질보다 "현역 국회의원을 몇 명이나 데려올 수 있는
가?" "다음 총선에서 몇 석이나 차지할 수 있겠는가?" 이런 권력 게
임 측면이 강합니다. 세상을 바꿀 신제품을 내놓은 사람에게 "왜
만들었냐?"가 아니라 "몇 개나 팔릴 거 같냐?"고 묻는 것과 다르지

않습니다. 본질은 가려지고 진심은 퇴색되죠. 창당한 당사자로서 아쉬움이 큰 대목입니다.

그리고 그 프레임을 고착시키는 것이 앞서 말씀하신 신당 성공의 두 가지 조건입니다. 흔히들 대한민국에서 신당이 성공하려면 '대선후보급 대표'와 '특정 지역의 강력한 지지'가 있어야 한다고 말합니다. 과연 그럴까요?

사실 기득권 양당을 제외한 신당은 저 두 가지로 흥한 것이 아니라 두 가지 때문에 망했거나 지금도 망하고 있습니다. 2016년 창당한 국민의당을 예로 들겠습니다. 앞서 언급한 기준으로 보면, 국민의당은 신당의 성공 조건을 모두 갖추었죠. 대선후보급 안철수 대표가 있었고, 호남이라는 강력한 지지기반이 있었습니다. 덕분에 2016년 총선에서는 호남 지역 23석을 포함해 비례대표까지 총 38석을 얻는 기염을 토한 것도 사실입니다.

그러나 '안철수당'이라고 불릴 만큼 강력한 장악력을 갖춘 안철수 대표는 '리더십'보다는 '오너십'으로 당을 이끌었습니다. 19대 대선에서 실패했고, 2018년에는 당내 국회의원과 핵심 지지층인 호남의 반발에도 불구하고 보수정당인 새누리당 계열의 바른정당과 합당했죠. 2022년에 다시 국민의당 후보로 대선에 출마했을 때, 호남 유권자 앞에서 2018년 합당에 대해 사과했습니다. 그래 놓고 또 대선 막바지에 충분한 내부 동의 없이 보수당 후보와 단일화하고 이후 합당했습니다.

안철수 의원의 정치적 목표는 잘 모르겠습니다. 다만 그가 대통령이 되고 싶어한다는 건 모든 국민이 알죠. 결국, 국민의당은 자신의 정치적 욕망을 위해 신당의 가치와 국민의 기대를 소비해 버린 대표자 때문에 역사 속으로 사라졌습니다. 당의 최대 자산이 최대 리스크였던 셈입니다.

2020년 창당한 시대전환도 한 예입니다. 그 당 역시 당 대표 리스크 때문에 와해되었습니다. 지난 9월 국민의힘 합류를 선언한 시대전환 대표 조정훈 의원 또한 안철수 대표처럼 당내 의사결정 과정을 충분히 거치지 않고 당의 운명을 결정했습니다.

그는 민주당의 위성정당인 더불어시민당 소속으로 국회에 들어오자마자 급진적 노동 정책인 주4일 근무제를 주창해 노동계에서 '주4일제 전도사'라고까지 불렸습니다. 그런 분이 노동 시간 연장을 주장하는 등 정책적 접점이 거의 없는 보수정당과 손을 잡자, 창당멤버인 이원재 공동대표까지 이렇게 비판합니다. "결국, 탐욕이 인간을 망치는 장면을 아주 가까이에서 목격하게 되고 말았다." 이제 '시대전환'은 '태세 전환'으로 조롱받고 있죠.

Q 그러고 보니 지역 기반도 신당의 함정일 수 있다는 생각이 듭니다. 국민의당도
— '호남당'으로 시작했지만 결국 성공하지 못했잖아요?

양 지역에 기댄 정당의 대표적인 사례가 국민의당과 자유민주연
—

합(자민련)이죠. 두 당은 지금 어디에 있습니까? 2016년 국민의당은 소위 '민주당 호남홀대론'으로 호남의 피해의식과 분노를 자극하는 전략을 선거의 시에서 종까지 이어갔습니다.

당시 저는 광주 서구을 후보로 그 복마전 한가운데 있었습니다. 당시 국민의당 후보들이 사용했던 '호남 정치 부활'이라는 슬로건은 '지역주의 부활'이자 '호남 정치인 부활'이란 뜻이었습니다. 역사적 재앙이지요. 국민의당은 지속할 수 없는 정당이었습니다.

특정 지역 지지기반은 신당에 득이 아닌 독이 될 수 있습니다. 몇 번의 선거에서는 유용할 수 있겠지만, "우리가 남인가?" "우리를 버릴 거냐?" 이런 감정적 호소가 유권자에게 언제까지 먹히겠습니까? 몇 번만 하면 듣는 사람 지긋지긋합니다.

지역 정당의 대명사 격인 자민련도 그 예입니다. 자민련은 3당 합당으로 집권한 민자당에서 JP계가 떨어져 나와 창당했죠. 충청의 맹주라고 불리던 김종필 전 총재에 대한 지역민의 신망과 지지가 컸습니다. 창당한 1995년 지방선거에서 충남·충북지사를 포함해서 네 명의 광역단체장을 당선시켰고, 그 이듬해 총선에서는 충청 위주로 50석을 확보해서 역사상 가장 큰 제3당이 되었습니다. 그러나 지역당을 벗어나지 못하고 쇠락을 거듭하다가 2006년 한나라당으로 흡수되고 말았습니다.

극성 지지 세력은 정당에 독이다

Q 노무현 전 대통령의 '노사모'와 같이 강력한 팬덤도 신당의 필요조건으로 보는 견해가 있습니다. 한국의희망에도 팬덤이 있다면 도움이 되지 않겠습니까?

양 물론 확장성이 있다면 팬덤도 신당에 매우 유용합니다. 노사모는 분명 확장성이 있었습니다. 노무현에 대한 사랑을 넘어 '새로운 대한민국' '특권과 반칙이 없는 나라' 같은 신념도 있었고요. 시대 정신과도 부합했습니다. 그러니까 집권에도 성공했죠.

그러나 현재 민주당의 '개딸'이나 국민의힘의 '태극기부대' 같은 극성 지지층은 정당의 외연을 키우는 게 아니라 오히려 고립시키는 역할을 합니다. 이 같은 강성 지지 세력은 정당에 마약과 같은 존재라고 생각합니다.

잠깐은 좋지만, 당의 외연 확대를 막고 정책 역량을 줄여서 결국 당의 미래를 가로막습니다. 지역주의만큼 한국 정치를 망치는 것이 극단적이고 교조적인 지지 세력이라고 생각합니다.

보십시오. 지난 9월 이재명 대표의 국회 단식장을 둘러싸고 다른 의원들에게 막말을 퍼붓던 '개딸'과, 2019년 황교안 자유한국당 대표가 국회 영내로 불러 모아 5.18을 폄훼하고 다른 당에 욕설을 퍼붓던 '태극기부대'가 무슨 차이가 있습니까?

극단적 지지자들의 주도권을 최대한 줄여야 한국 정치가 달라질 수 있다고 생각합니다. '개딸'이나 '태극기부대'에 우리 정치가 끌려다니지 않도록 하는 것이 한국의희망의 존재 이유기도 합니다. 양극단의 정치 고관여층이 아니라 합리적인 보통 사람들이 정치를 주도하는 세상을 위해서 말입니다.

Q 네. 최근 민주당 극성 지지층이 당의 다양성을 해치고 있다는 평가도 나오고 있습니다. 소위 '이재명 대표 체포동의안 사태'에서 찬성표를 던졌다는 이유로 당의 배신자로 낙인찍어 축출하려는 일부의 움직임도 있었죠.

양 네, 이른바 '수박' 논쟁이죠. 겉은 민주당처럼 파란색이지만, 속은 국민의힘처럼 빨갛다고 해서 붙여진 이름이 '수박'입니다. 체포동의안 찬성파 축출, 이 사태는 강성 지지층에 의해 추동되고, 돌격대와 같은 국회의원에 의해서 진행되었습니다. 상대 당뿐만 아니라 당내에서도 이견을 허용하지 않는 전체주의적 문화입니다. 민주주의가 아니죠. 조폭, 깡패나 다름없습니다.

국회의원 한 사람 한 사람은 헌법기관입니다. 그런 국회의원이 본인의 양심에 따라 표결한 것을 처벌하겠다니, 얼마나 반헌법적 처사입니까? 가능하지도 않아요. 무기명 투표인데, 어떻게 찬반을 가려내겠다는 겁니까? 고문이라도 하겠다는 건가요? '찬성파 수박'이라고 명단이 돌고, 찬성했다고 의심받는 일부 민주당 국회의원들이 "난 사실 반대했다"라고 양심 고백하는 모습을 보고 정말 경악했습니다. 민주당이 아니라 반민주당이죠.

그 꼴을 보고 박정희 시대가 떠올랐습니다. 1971년에 이런 비슷한 일이 있었다고 합니다. 당시 야당인 신민당이 내무부장관 해임 건의안을 제출했는데, 여당인 공화당 몇몇 의원들이 찬성표를 던져서 결국 가결이 됐습니다. 화가 머리끝까지 난 박정희 대통령이 찬성했다고 의심되는 여당 중진 김성곤 의원 등을 당시 중앙정보부로 끌고 가 고문을 했답니다.

사진을 찾아보면 알겠지만, 김성곤 의원은 콧수염이 트레이드마크였는데, 그걸 다 뽑아냈다고 합니다. 그 시절의 야만과 지금 민주당의 행태가 뭐가 다릅니까?

'수박 논쟁'이 있었을 때 이재명 대표가 곧바로 제지해야 했습니다. 그런데 한동안 가만히 두었죠. 그러니까 정청래 의원 같은 강경파들이 "고름은 살 안 되니까 도려내야 한다."고 축출론에 힘을 보태고 금방이라도 칼바람 날 것처럼 난리를 쳤죠. 박정희 대통령처럼 소위 '비명' 의원들을 잡아다가 고문해서 찬성한 거 자백이라도 받겠다는 얘긴가요?

전체주의적 문화가 한 정당에 국한된 문제는 아닙니다만, 요즘 민주당을 보면 그냥 '깡패당'입니다. 보스는 무조건 옳고 배반하면 죽음이다, 이거 조폭 문화 아니겠어요?

정말 내가 알던 그 민주당이 맞나 싶은 생각이 듭니다. 악마와 싸우다가 악마가 된다더니, 지금의 민주당에 윤석열 대통령의 독단과 독선을 비판할 자격이 있나 싶어요. 양당 독과점 정치 체제가 아니었다면 살아남기 힘든 정당입니다.

내가 알던 민주당은 이 세상에 없다

Q 양 대표님은 2016년 민주당 문재인 대표의 영입 인재로 민주당에 입당했습니다. 민주당에서 최고위원도 두 번이나 역임했고요. 그러다가 2022년 이른바 '검수완박(검찰 수사권 완전 박탈)' 국면에서 민주당과 완전히 결별한 것으로 알려졌습니다. 지금 민주당에서 일어난 '수박 사태'처럼 당 지도부에 반기를 들었다가 영영 당과 척을 진 사건이었죠?

양 2022년 4월의 이야기입니다. 당시 저는 보좌진 문제 때문에 당에 누가 될까 싶어 자진 탈당했다가, 법적으로 억울한 누명을 모두 벗고 복당을 앞두고 있었습니다. 당 지도부와도 어느 정도 얘기가 끝난 상태였습니다.

당시 박홍근 원내대표 체제였는데, 저에게 검찰개혁이라는 과업을 이루는 데 도움이 필요하다며 법사위(국회 법제사법위원회)로 가라고 했습니다. 무소속 상태를 유지한 채 법사위로 옮겨서 소위 '검수완박' 법안에 대한 안건 조정위원회에 대비하라는 이야기였습니다.

안건조정위는 상임위에서 법안 합의가 안 될 때 구성되고, 비교섭단체 몫이 한 명입니다. 여야 동수로 구성하니까 비교섭단체 의원의 선택이 매우 중요하죠. 여기서 통과되지 못하면 최장 90일 동안 법안을 심사할 수 있는데, 90일이면 당시 윤석열 당선인이 대통령으로 취임하게 되고, 대통령이 법안에 거부권을 행사할 수 있기 때문에 민주당으로서는 마음이 급했습니다.

저는 처음에 법사위로의 자리이동에 반대했습니다. 복당을 앞둔 사람, 누가 봐도 민주당 국회의원인데 비교섭단체 무소속 몫을 차지하는 건 이상하잖아요? 그러나 당은 강행했죠. 그래서 지도부에 "그러면 이 법안에 대해 입법기관으로서 철저히 연구부터 하겠다"라고 입장을 전하고, 실제로 열심히 법안을 공부했습니다.

그런데 법안을 들여다볼수록 도저히 찬성할 수 없었습니다. 내용의 허술함과 절차적 하자가 있는 상태에서 진행되어서는 안 된다는 결론에 이르렀습니다.

해당 법안은 70년 된 우리 법체계를 바꾸는 매우 중요한 법안입니다. 통과되기 전에 검토해야 할 법안 수가 31개나 되었습니다. 그 부분에 관한 논의 없이 처리하는 것에 대해 걱정이 컸죠.

그러다 결국 일이 터졌습니다. 소위 '양향자 문건'이 유출된 것입니다. 검수완박 법안에 반대한다는 내용이었습니다. 며칠 동안 제가 고심해서 쓴 글인데, 검토 과정에서 언론에 보도되어 버린 거죠.

양향자 입장문

저는 문재인 대통령 영입 인사입니다.

누구보다 문재인 대통령의 성공을 바라는 사람입니다. 그래서 저는 이번 법안이 이런 방식으로 추진되는 것에 동의할 수 없습니다. 검찰개혁은 당위입니다. 국민으로부터 불신받는 검찰은 부끄러워해야 합니다. 반드시 수사권과 기소권을 분리해 사법행정의 균형을 찾아야 합니다. 그러나 사안이 중차대한 만큼 오류에 대해 충분히 검토해야 함도 당위입니다.

저는 글로벌 IT 기업의 엔지니어였습니다.

하나의 제품을 세상에 내놓기까지 끊임없이 검토하고 검증합니다. 오류 가능성 0, 검증 커버리지 100%를 위해 무한 반복 시뮬레이션을 합니다. 그래야 인류의 행복에도 도움이 되고 기업도 치열한 경쟁에서 살아남습니다. 이번 법안은 한국 사법체계의 근간을 재설계하는 입법입니다. 만약 오류를 일으킨다면 국민의 삶에도, 민주당의 미래에도 해악이 될 것입니다.

저는 민주주의는 소통과 협치라고 믿는 사람입니다.

소통은 강자가 약자의 말을 듣고 반영하는 것입니다. 협치도 마찬가지입니다. 지금 행정부 강자인 윤석열 당선자는 소통하거나 협치하지 않습니다.

입법부의 강자인 더불어민주당도 똑같이 대응한다면, 이 땅의 민주주의는 사라집니다. 대한민국의 수많은 민주주의자들이 지금의 상황을 우려하고 있습니다.

저는 헌법기관인 국회의원입니다.

대한민국 헌법 제46조 2항에는 이렇게 명시되어 있습니다. '국회의원은 국가 이익을 우선하여 양심에 따라 직무를 행한다.' 저는 국가 이익을 위하여 양심에 따라 이번 법안을 따르지 않겠습니다. 사법행정의 일선에서 선량한 국민이 고통받지 않을지, 저는 자신이 없습니다.

저는 광주와 민주당에 기반을 둔 정치인입니다.

이번 판단이 제 정치기반을 한순간에 무너뜨릴 수 있음을 잘 압니다. 수많은 오해와 억측, 개인적 비난으로 고통받을 것을 잘 알고 있습니다. 제 정치인생이 끝나고 모든 것을 잃는다 해도, 저는 양심에 따르겠습니다. 그것이 사랑하는 국민과 민주당과 대한민국과, 문재인 대통령을 위하는 길이라 믿습니다.

마지막으로 여야와 국민들께 제안 드리고 싶습니다.

표결과 의사결정에 앞서, 좀 더 시간을 갖고 논의를 진행합시다. 정치권은 물론 이해당사자인 검찰과 경찰, 사법행정 전문가, 그리고 무엇보다 일반 국민들을 논의의 장으로 들어오게 합시다.

2022년 4월 29일

첫 문장이 이렇게 시작합니다. "저는 문재인 대표 영입 인사입니다." 그러나 검수완박 법안이 졸속으로 통과되는 것에 대해서는 동의할 수 없다는 것, 그리고 제가 광주를 지역구로 둔 민주당 출신 국회의원이지만, 제 정치적 기반이 송두리째 뽑혀 나가더라도 법안에 동의할 수는 없다고 견해를 밝혔습니다.

아마 세상 누구도 복당을 앞둔 제가 당 지도부에 반기를 들 줄은 몰랐을 겁니다. 언론에서 대서특필했죠. 민주당 지도부는 당혹스러워했습니다. 그러더니 법사위의 다른 민주당 의원을 탈당시켜서 안건조정위에 포함해 버렸습니다. 지금도 '꼼수탈당'이라고 비판받는 바로 그 사건입니다. 지금의 상황을 보면 당시 제가 우려했던 부분이 그대로 재현되고 있는 것 같아 마음이 씁쓸합니다. 역사에 죄를 짓고 있다는 생각도 듭니다.

그 '꼼수탈당' 사태 이후 얼마 지나지 않아 저는 당에 '복당 철회'를 선언했습니다. 이유는 분명했습니다. "내가 사랑했던 민주당은 이제 세상에 없다"라는 것이었습니다. 제가 돌아가려는 민주당은 지금의 민주당이 아니고, 국민이 바라는 민주당은 지금의 민주당이 아니라고 비판했습니다.

한 가지 더, 2022년 대선 직후 지방선거와 보궐선거에 이재명 민주당 대선후보와 송영길 당 대표가 나란히 출마한 것도 복당을 철회한 큰 이유였습니다.

대선 패배에 책임이 있는 당 리더 두 사람이 지역구를 바꿔가며

얌체처럼 출마하는 상황을 누가 이해할 수 있겠습니까? 이재명 대표가 출마한 인천 계양을은 송영길 전 대표의 국회의원 지역구였죠. 송영길 전 대표는 서울시장에 출마했고요. 당내 반발도 컸습니다. 저도 도저히 납득이 안 됐습니다.

누구에게도 할 말은 하는 소신의 정치

Q — 당시 민주당 복당 철회의 뜻을 밝힌 글이 화제였죠. 양향자 국회의원이 재조명된 게 사실입니다. 많은 사람에게 양향자라는 정치인이 다시 알려지는 계기가 되었고요. 방송사 저녁 메인뉴스에 의원님의 글 전문이 소개되기도 했죠. 이후 '소신의 정치인'이란 이미지가 생겼다고 생각합니다. 이재명 민주당 대표와 윤석열 대통령에게도 쓴소리를 아끼지 않았죠?

양 — 민주당 복당을 철회하니 한편으로는 마음이 편했습니다. 2021년 제가 탈당할 당시 당 지도부의 즉흥적이고 일방적인 대처, 검수완박 국면에서 당 지도부의 맹목적이고 독선적인 처사, 그리고 대선에 패배한 당 지도부가 책임지고 반성하는 모습을 보여야 하는데도 불구하고, 자신의 욕심을 위해 자중하지 않고 선거에 출마하는 모습까지 보면서 솔직히 정이 뚝 떨어졌습니다. 실망이 너무 컸으니까요.

당시 제가 민주당을 비판한 지점은 2가지였습니다.

첫 번째는 '비민주성'입니다. 2016년 제가 문재인 대표의 손을 잡고 들어온 민주당은 민주적이고 혁신적이었습니다. 그러나 지금 민주당에는 민주도 혁신도 없어 보였습니다. 그저 일사불란하게 움직이는 군대 같았습니다.

생각해 보십시오. 수많은 국민이 우려하는 '검수완박' 법안을 172명 국회의원 전원이 발의하고, 대선에 패배한 당대표이자 '586 용퇴'를 외쳤던 586세대의 맏형이 사퇴한 지 20일 만에 서울시장 선거에 출마하는데, 당에서 아무도 반대를 안 해요. 정상이 아니죠.

대선에 패배한 후보가 한 달 만에 정계 복귀하고, 연고도 없는 지역에 출마하고, 보궐선거 후보가 지방선거 선대위원장을 맡는, 이런 기이한 모습을 어떻게 그냥 보고만 있겠습니까?

두 번째로 비판한 것은 민주당의 오만함입니다. 민주당은 대선에 패한 약팀 아닙니까? 국민의힘보다 지지층이 크지도 두텁지도 않았고, 국민이 보기에 국민의힘보다 더는 정의롭지도 않습니다.

그러나 민주당은 스스로 '우리는 강팀이다, 지지층이 충분하다, 국민의힘은 틀렸고 우리만 옳다.'라고 생각하고 있었습니다. 저는 대선 때 그렇게 오만하다가 졌고, 반성하지 않으니 지방선거에서도 참패할 거라고 단언했습니다. 악담이자 충고였지만, 결국 제 예상대로 지방선거에서도 졌습니다.

극단적·교조적 지지층과도 거리를 두라고 했습니다. '개딸' 같은 세력의 등장은 고맙고 반가울 수 있으나 신중해야 한다, 지금 '개딸'에 환호하는 민주당의 모습은 슈퍼챗에 춤추는 유튜버와 같다, 그렇게 비판했습니다. '처럼회' 같은 극단적·교조적 인식을 주는 세력도 외연 확대의 걸림돌이라고 했죠.

Q 사이다 같은 발언입니다. 물론 민주당 지지층에게는 미움을 많이 받았겠죠? 극성 지지자들에게 문자 폭탄 세례 같은 걸 받지는 않았습니까?

양 많았습니다. 우리가 사용하는 휴대폰은 일정 한계 이상의 문자가 한꺼번에 쏟아지면 핵심부품이 망가져 버립니다. 휴대폰이 못 쓰게 되어버리는 거죠. 그렇게 버리고 새로 바꾼 휴대폰이 몇 개나 됩니다. 문자로는 입에 담을 수 없는 온갖 욕설이 다 옵니다. 욕을 먹으면 오래 산다는데, 저는 그 욕을 다 먹었으니 이미 불사신이 되었을 겁니다.

Q 특히 기억에 남는 전화나 문자가 있나요?

양 두 가지 일이 기억납니다. 한번은 모르는 번호로 전화가 왔어요. 받아보니 한 신사분인데 목소리도 좋았습니다. 아주 점잖게

"당신 양향자의 지지자다."라며 말씀을 이어갔습니다. 한 5분쯤 통화했을까요? 그전까지 칭찬도 하고, 웃으며 응원도 하시던 분이 갑자기 돌변해서 제게 욕설을 퍼붓는 겁니다. 전라도 말로 '징하게' 욕을 먹었습니다. 평생 살며 들어본 적이 없는 욕이었습니다. 귀에서 피가 나오는 줄 알았습니다.(웃음)

불쾌한 수준을 넘어 사실 좀 무서웠죠. 누군가 내게 "죽이겠다"라고 하면 실제로 일어날 일이 아니라고 생각하지만 좀 오싹합니다. 그런 전화를 받고 나서 길을 가다가 누군가 쓱 제게 다가오면 깜짝 놀랍니다. 심장이 멈추는 거 같아요.

그런 욕설과 협박은 아직도 적응이 잘 안 돼요. 제가 태권도 유단자이긴 하지만, 어떻게 그런 사람이랑 싸우겠어요. 또 싸우다 제가 그 사람을 다치게 하면 어떡합니까?(웃음)

한번 생각해 보세요. 누군가 전화해서 죽이겠다고 겁박하면 기분이 어떻겠습니까? 더구나 저는 그 사람을 모르지만, 그분은 저를 알잖아요. 제 동선도 알려면 쉽게 알 수도 있고요. 공인이 협박받으면 참 무섭습니다.

두 번째 일화는 이렇습니다. 제 딸아이가 2022년 4월에 결혼을 했는데, 어떻게 알았는지 문자가 막 옵니다. 또 모르는 분에게 전화가 와서 협박까지 해요. "결혼식을 망쳐버리겠다." 해코지하겠다는 이야기로 들렸어요. 아닐 거라고 믿지만 얼마나 불안해요.

딸에게 말도 못 하고 행사 내내 하객 중에 혹여 이상한 분이 없는지 계속 예의주시했어요. 수상한 느낌이 드는 분은 계속 쳐다보게 되더군요. 여러분도 결혼식에 갈 때 무엇보다 옷을 깨끗이 입으세요. 본의 아니게 테러리스트로 오해받을 수 있습니다.(웃음) 솔직히 그날 정장을 입은 사람보다는 그렇지 않은 사람을 의심하게 되더군요.

그렇게 결혼식 내내 혹시나 하는 마음에 얼마나 노심초사했던지요. 손님들에게 제대로 인사도 못 했습니다. 지금도 죄송한 마음입니다. 예식이 끝나고 나니 기진맥진했습니다. 지인 몇 분이 제게어디 아프냐고 물을 정도였어요. 그래도 결혼식은 무사히 잘 마쳤습니다. 아름다운 결혼식이었습니다. 제 딸도 아름다웠습니다.

Q 윤석열 대통령도 여러 번 비판하셨는데, 그럴 때 국민의힘 지지자들의 반응은 어떻습니까?

양 어느 당이든 극성 지지자들은 비난합니다. 극단적 지지층은수준이 모두 비슷합니다. 다만 제가 윤석열 대통령 취임 초창기 때"프로다워야 한다"라고 공개 충고했을 때는 보수 진영의 많은 분이격려해 주었습니다. 고맙다고 한 사람도 많았습니다. 듣기에 거북하고 아프긴 하지만 맞는 말이라고 생각하는 분들이 많았습니다.

당시 기억을 떠올려 보면, 대통령 취임 초 '바이든-날리면 사건''도어스태핑 실언' '대통령 전용기 민간인 탑승 구설' 등 여러 가지

논란이 많았습니다. 국민 걱정이 컸죠.

보수 인터넷 커뮤니티에 실망의 글이 올라오기 시작했습니다. 이거 우리가 대통령을 잘못 뽑은 거 아닌가? 이런 글도 많이 보였습니다. 그래서 제가 고민을 하다가 "좀 프로다운 대통령이 돼라"라고 충고를 했습니다.

Q 좀 세게 이야기하셨군요.
—

양 자, 프로와 아마추어의 다른 점이 뭡니까? 첫째, 프로는 자기
— 에게 맡겨진 임무를 책임지고 완수하죠. 아마추어는 자기만 즐거우면 되고요. 취임 초 대통령은 세상 모든 목표를 다 이룬 사람처럼 즐거워만 보였습니다.

둘째, 프로는 남 탓을 안 합니다. 자신의 이름을 걸고 해내죠. 대통령이 이전 정권 탓하는 건 프로답지 못하다는 말이었습니다.

셋째, 프로는 의무를 생각하고 아마추어는 권리를 생각합니다. 해야 할 일이 있고 할 수 있는 일이 있는데, 대통령이 후자에 더 집착하는 것처럼 보였습니다.

마지막으로 넷째, 프로는 증명하는 자리입니다. 대통령이라는 자리가 연습해 보고 시험 삼아 한번 경험해 볼 수 있는 일이 아니지 않습니까? 그 글이 나가고 나서 언론 문의가 많았고, 기사도 많이 났고, 보수 유튜버들도 많이 다뤄주시더군요.

대통령은 '프로'여야 한다

대통령의 지지율이 떨어지고 있다. 국민의 신뢰가 떨어지고 있다. 국정 동력이 떨어지고 있다. 미래로 가는 한국의 힘이 떨어지고 있다. 지난 대선에서 윤석열 후보를 지지했던 인터넷 커뮤니티에서는 최근 이런 말이 돌고 있다고 한다.

"우리가 무슨 짓을 한 거지?"

취임 두 달째인 대통령의 발언과 행보, 태도가 국민을 불안하게 하고 있다. 나는 그 핵심이 대통령이 '프로'답지 못해서라고 생각한다.

1. 아마추어는 자기만 행복하면 된다.

어떤 일을 할 때, 아마추어는 자기만 즐거우면 된다. 프로는 자기를 믿고 선택해준 사람들을 위해 직업 생명을 걸고 임한다. 윤 대통령은 어느 쪽인가? 지금 윤석열 대통령은 마치 모든 인생의 목표를 다 이룬 사람처럼 보인다. '정권교체'와 '대통령 당선'은 국민 행복, 국가 번영을 위한 수단일 뿐이지 목표가 될 수 없다. 할 일이 태산이다. 새로 임명된 기업의 사장에게 당면한 위기의 극복을 위한 계획을 묻자 "솔직히 할 수 있는 게 없습니다."라고 답했다고 생각해 보자. "상황이 어렵지만, 최선을 다하겠습니다. 할 수 있습니다."라고 해야 프로다.

2. 프로는 남 탓하지 않는다.

실패한 사장을 쫓아내고 새로 임명한 사장을 비판했더니 "그 전 사장보다는 낫잖아요?"라고 답했다고 가정해보자. "문재인 정부보다 낫다"는 말은

TV토론에서 야당 의원이 마주 앉은 여당 의원에게나 할 말이지 국민(언론) 앞에서 대통령이 할 수 있는 말이 아니다. 윤 대통령은 계속 '상대평가' 받기를 바라는 것 같은데 그건 대선 때 이미 끝났다. 지금의 낮은 지지율은 국민들이 '절대평가'를 시작했기 때문이다. 기업 임원만 되어도 조직의 과거, 현재, 미래가 다 자신의 책임이라고 여긴다. 그래야 반대파까지 이끌고 조직을 앞으로 나아가게 할 수 있다.

3. 프로는 의무를 생각하고, 아마추어는 권리를 생각한다.

대통령으로서 해야 할 일이 있고 할 수 있는 일이 있다. 지금의 '비선', '공사 구분' 논란은 윤 대통령이 후자에 더 치중하는 것처럼 보이기 때문일 것이다. "대통령이면 이 정도는 할 수 있는 거 아냐?" 이런 식으로 비판과 맞서면 논란은 더 커진다. 야단칠 때 귀 닫으면 들을 때까지 야단은 더 커지는 법이다. 프로답게 대통령에게 맡겨진 의무인 행정, 경제, 외교, 안보, 교육 분야의 중·장·단기의 계획을 밝히고 동의받고 전념해야 한다. 만약 그랬다면 대통령을 위한 몇 가지 편의는 눈감아 줄 수 있다. 국민들은 지금 대통령의 공적 마인드에 대한 확신이 없기 때문에 사적 행보를 문제 삼고 있는 것이다.

4. 프로는 증명하는 자리다.

어떤 사람을 잘 알려면 그가 무엇에 분노하는가를 보라는 말이 있다. 검사 윤석열, 검찰총장 윤석열, 대선후보 윤석열은 불의, 불공정, 기득권, 구태정치 등 공적인 일에 분노했다. 지금은 자신에 대한 비판에 화를 낸다. 공감을 사기 어렵다. 이전에 그가 분노할 때는 무섭고 멋져 보였다. 지금은 어떤가?

윤석열 대통령은 어쩌면 프로답지 않아서, 기존 정치인답지 않아서 대통령이 됐다. 그러나 지금은 대통령답지 않아서 신뢰를 잃어가고 있다. 대통령은 프로 행정가이고, 프로 경제가이며, 프로 국군통수권자이자, 프로 정치인이 되어야 한다. 그 역량으로 성과를 내야 하고 결과를 만들어야 한다. 국가적 위기에는 더욱 그렇다.

2022년 7월 10일

블록체인 플랫폼으로
부패를 원천 차단한다

Q 2023년 4월, '민주당 전당대회 돈 봉투 사건'이 터졌을 때 대표님의 언론 인터뷰를 봤습니다. "빙산의 일각"이라는 표현을 썼더군요. 민주당 내에서 그런 일이 있었다는 사실을 알고 있었습니까? 대표님도 전당대회에 두 번이나 출마했는데, 본인은 무관한가요?

양 소문은 늘 있었죠. 많은 분이 '터질 것이 터졌다'라고 생각했습니다. 민주당뿐만 아니라 국민의힘도 마찬가지일 겁니다. 전당대회 때 알게 모르게 돈이 오가는 것이 어제오늘 일도 아니고요.

저는 전당대회에 출마하면서 금품을 주거나 하지 않았습니다. 사실 할 필요가 없었습니다. 무엇보다 전당대회 때 저를 도와주는 의원님들이 많지 않았거든요.(웃음) 도와주는 분 중에도 제게 돈을 바라는 경우는 없었습니다.

사태가 터졌을 때, 저는 지도부의 무책임에 너무 화가 났습니다. 그래서 '민주당의 리더들, 이렇게 비루한가?'라는 글을 썼습니다. '비루하다'는 것은 더럽고 비겁하다는 뜻이죠. 지도부의 모습이 딱 그랬습니다. 이재명 대표는 돈 봉투 사태에 곧바로 사과하는 시늉을 했습니다. 그런 다음, 당사자인 송영길 민주당 전 대표에게 책임을 다 떠넘겼죠. 당시 파리에서 유학 중이던 송 전 대표에게 "빨리 귀국해서 해결하라."라는 취지로 당의 입장을 정리했습니다.

기억하시겠지만, 송 전 대표가 파리에서 '나는 모르는 일'이라며 기자회견을 합니다. 그리고 한 달 가까이 귀국하지 않았습니다. 돈을 받은 것으로 실명까지 거론된 의원들은 이때다 싶어 재빨리 그 뒤로 숨어들었습니다. 명백한 '부패 게이트'였는데, '야당 탄압'이라는 프레임을 만들기 위해 무지 애를 썼습니다.

돈 봉투 의혹이 제기된 의원 대다수가 당의 리더 급이고 86세대 민주화 투사들도 많았습니다. 거악과 폭력, 독재와 야만에 맞서 싸우던 사람들이 나이 들어 이제 그 대상이 되어버린 겁니다. 당원과 국민의 실망이 이만저만 아니었습니다.

그러나 이재명 대표는 할 수 있는 게 없었죠. 왜냐, 자신의 방탄을 위해 당헌을 개정하고 체포동의안까지 부결시켜 연명하고 있었 잖습니까? 정리할 수가 없죠. 단호하게 대처도 못 합니다. 돈 봉투 사건이 이렇게 일파만파 커진 것은 모두 자초한 일이고, 예고된 재앙이었습니다.

Q 민주당의 도덕적 감수성이 점점 더 떨어지고 있다는 지적이 있습니다.
—

양 저도 당시 "돈 봉투에 거론된 사람, 모두 당장 탈당하라"라고
—
했습니다. 그래야 당이 다치지 않는다고 했습니다. 제 경우를 보면,
2021년 보좌관 관련 구설이 있었을 때, 혐의를 받고 있다는 이유
만으로 단 한 차례의 당내 정식 조사도 없이 출당이 거론되었습니
다. 진짜입니다. 단 한 번의 조사도 받지 못했습니다.

저도 당을 위해서 구차하게 핑계 대며 버티기보다 깔끔하게 탈
당을 택했습니다. 이제 모두 무혐의로 판결이 났지만, 그때 당한
수모나 불명예는 스스로 감내하고 복구할 수밖에 없습니다.

송영길 전 대표는 당시 저를 즉각 출당시킨 것을 두고 무슨 거룩
한 결단을 한 것처럼 자랑하곤 했습니다. 그래 놓고 자신과 연루된
부패 게이트가 터지자, 처음에는 '나 몰라라' '나 살고 당 죽자'라는
식으로 처신했습니다. 얼마나 무책임하고 부도덕합니까?

현재 송 전 대표가 '반 윤석열, 반 한동훈 투쟁'의 전면에 서서 마
치 구국 투사처럼 행동하는 모습을 보는 제 감회는 조금 남다릅니
다. 아, 자기 일은 저렇게 목숨을 걸고 비분강개해 싸우면서 남의
일은 그리도 가볍게 다뤘단 말인가, 싶습니다.

송 전 대표가 돈 봉투 사태가 터지고 본인이 거론되었을 때 곧바

로 귀국하고, 민주당을 탈당해서 홀로 묵묵히 해결에 나섰다면, 그의 일관성에 아마 저는 큰 존경심이 들었을 겁니다.

Q 당시 돈 봉투 의혹이 드러났을 때 관련 녹취록이 화제였습니다. 상대를 '오빠'라고 부르며 동료의원과 금품을 나눠줄 계획을 세우는 한 정치인의 목소리가 국민에게 많은 실망을 준 것도 사실이고요.

양 동료 정치인을 형님, 오빠라고 부를 수 있습니다. 그러나 그런 친분을 이용해 편법, 불법을 저지르고 특혜를 받으면 안 되죠. 그건 정당이 아니라 부패 카르텔입니다.

제가 민주당에 있을 때 그런 충고를 많이 들었습니다. "상대 의원을 불편하게 하지 마라" 반도체나 첨단산업 관련해서 법안이나 예산을 촉구할 때 제가 좀 의원들을 불편하게 하긴 했죠. 민주당에서는 제가 "첨단산업을 지원하자, 글로벌 기업을 키우자"라고 하면 '대기업 특혜'라는 얘기를 자주 했으니까요.

그런데 지금 와서 생각해 보면, 그분들의 충고는 선배 의원을 "오빠"라 부르며 돈 봉투도 주고받고 잘 어울리라는 뜻이 아니었나 싶습니다. 수고로운 정책토의는 때려치우고 좋은 게 좋은 것이니 이견 없이 당의 지시를 따르라는 뜻이 아니었을까? 이런 생각이 듭니다.

어쨌든 지금 민주당은 '모럴 헤저드' 정당입니다. 11월 초, 돈 봉투 관련 의혹을 받은 민주당 의원 두 명이 압수수색을 받았습니다. 그런데 그분들 왜 탈당하지 않죠? 왜 출당시키지 않죠? 도덕적 기준이 많이 낮아져 버렸습니다. 민주당의 가장 큰 장점이자 상징 자본이 '깨끗함'이었는데, 그마저도 이제 없어진 겁니다.

Q 한국의희망은 이 같은 부패를 차단할 방법이 있습니까? 앞서 당내 지도자들을 정치학교에서 철저히 교육한다고 했는데, 교육만으로 정치인의 청렴성이 지켜질까요?

양 저는 이 말을 믿습니다. "좋은 정치는 선한 사람이 아닌, 선한 시스템으로 만들어진다." 개인의 선의에 의지하지 않고, 그렇게 할 수밖에 없는 시스템을 갖춰야 한다고 생각합니다. 그 대안이 바로 '블록체인 플랫폼 정당'입니다. 한국의희망은 블록체인 플랫폼으로 운영합니다.

그동안 한국 정치는 이 같은 '선한 시스템'이 없었습니다. 투명할 수밖에 없는 시스템, 부정부패가 원천 차단된 시스템, 누군가의 독선을 견제할 수 있는 시스템, 그런 시스템이 있었다면 한국 정치가 지금처럼 국민에게 불신받지는 않았을 겁니다. "기술이 너희를 자유롭게 하리라."가 아니라 "기술이 너희를 깨끗하게 하리라." 이 겁니다.

블록체인은 정당 운영의 4요소라고 할 수 있는 당원, 공천, 정책, 후원을 모두 투명하게 만듭니다. 당원의 한표 한표가 공정하게 쓰여 밀실 공천, 돈 공천이 사라집니다. 당원의 정보와 권리가 안전하고 철저하게 지켜집니다. 당원이 제안한 아이디어가 당 운영과 정책에 반영되고 당원의 후원금과 당비의 흐름을 당원들이 알 수 있습니다.

Q 블록체인이라고 하면 일반인들에게 코인과 같은 투기에 사용되는 기술로 많이
—
알려져 있습니다.

양 안타깝습니다. 기술은 잘못이 없습니다. 다이너마이트를 발명한 노벨도 자신의 아이디어가 전쟁과 대량 학살에 쓰일지 몰랐으니까요. 인터넷이라는 첨단기술도 얼마나 많은 범죄와 타락에 사용됩니까? 그건 기술의 죄가 아니라 사용하는 사람의 죄입니다.

블록체인 기술의 핵심은 DAO(Decentralized Autonomous Organization)입니다. 탈 중앙의 자율적 조직(정당)이라는 뜻입니다. 장점은 투명성, 불변성, 안정성입니다. 위·변조가 불가능한 블록체인 프로토콜을 사용해 중앙의 통제 없이 모든 당원이 정책과 메시지 등 다양한 제안을 하고, 동등한 자격으로 당내 투표와 선거에 참여하며, 당내 활동에 대해 보상받을 수 있도록 시스템을 구축하는 겁니다. 개인의 신원은 DID(Decentralized identifier)라는 분산 신원 확인 기술이 적용되고요.

정당뿐만 아니라 곧 시민단체, 종교단체에서도 이 기술을 사용

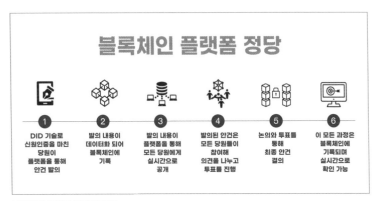

블록체인 플랫폼 정당 개념도

하게 될 겁니다. 그래서 이 기술 플랫폼을 '투명 사회 플랫폼'이라고도 부릅니다. 사회가 요구할 테고, 구성원들도 원할 수밖에 없습니다.

세상이 변해가는데 그 변화를 늦게 따를 수는 있어도 거부할 수는 없습니다. 그러면 도태됩니다. 끌려 내려오게 됩니다. 스스로 혁신하지 않으면 혁명을 당하는 거죠. 특히 선거로 리더를 뽑는 조직은 매우 빠르게 이 플랫폼을 도입하게 될 것입니다. 우리 사회가 깨끗해지는 건 시간 문제라고 봅니다.

국민의힘, 갈 길은 멀다

Q 이제 다른 당인 국민의힘 얘기를 해 볼까요? 앞서 민주당의 변질에 대해 말씀하셨는데, 국민의힘은 변질된 게 무엇일까요? 정권을 탈환했는데, 국정 운영을 잘하고 있다고 보십니까?

양 보수의 장점은 '유능함'이었습니다. 관련해서 이런 신화가 있었죠. "보수는 부패하지만 능력이 있고, 진보는 무능하지만 깨끗하다." 지금은 어떻습니까? 보수는 무능하고 진보는 부패했다, 이렇게 봐도 무방하지 않을까요?

딱 20년 전, 당시 여당은 민주당이고 야당은 한나라당이었습니다. 그때를 떠올려 보면 한나라당은 노무현 대통령과 민주당을 '아마추어'라고 했고, 민주당은 한나라당을 '부패집단'이라고 비판했습니다. 이후 두당 사이 3번의 정권교체가 있었고, 지금은 서로 주고받던 비판이 뒤바꾸었죠. 이제 민주당이 대통령과 여당을 '아마추어'라고 하고, 국민의힘(전 한나라당)이 민주당을 '부패집단'이라고 합니다. 지금 국민은 어느 당도 유능하거나 청렴하다고 생각하지 않습니다.

국민의힘 정부가 출범한 지 1년 8개월이 되어갑니다. 그런데 제대로 실력을 보여주지 못하고 있습니다. 여소야대라서 어쩔 수 없다, 한계가 많다, 그런 핑계를 댈 수도 있겠지만, 최근 '메가시티 서울', 즉 '김포시 서울 편입 정책'을 보면 도무지 국정을 이끄는 여당의 책임감이나 장기 비전이 보이지 않습니다. 선거 승리에 급급한 정당이 아닌가 하는 생각이 들어요.

자, 여당과 대통령의 관계부터 보죠. 소위 당청 관계, 이제는 당대(여당과 대통령실)로 바뀐 관계가 대등하거나 서로 견제하는 균형적 관계가 아닌 사실상 상하관계, 종속 관계, 수직적 관계가 되어버렸습니다. 누가 봐도 그래요.

여당은 민심을 전달하는 창구로서 대통령실에 할 말을 하고, 야단도 치고, 제안할 게 있으면 제안하고 그래야 하는데, 여당이 대통령실에 끌려다닌다는 인상을 지울 수가 없습니다.

심지어 대통령실과 엇박자까지 내는데, 좋은 쪽이 아니라 나쁜 쪽입니다. 10월 말 국민의힘에서 '메가시티 서울' 비전을 발표했는데, 그 며칠 전에 정부가 "지방 시대를 열겠다"라고 밝혔습니다. '지방 시대'는 윤석열 대통령의 대선 공약이기도 합니다. 선거를 앞두고 서로 짰는지, 서로 자기 말만 하는지 모르겠지만 당과 대통령 각각의 기조와 메시지가 다르니까 국민들의 혼란이 큽니다. 곧이 곧대로 믿기도 어렵고요.

2022년 8월, 이준석 국민의힘 대표를 축출한 사건을 봅시다. 겉으로는 이준석 대표의 성 비위 혐의에서 비롯된 것 같지만, 내면에는 이준석 대표와 대통령실의 갈등이 주요 원인으로 보이지 않습니까? 대통령이 마음에 안 든다고 당 대표를 쫓아낸다? 당청 분리라는 역사의 큰 흐름을 정면으로 거스르는 거죠. 지금 국민에게 윤석열 대통령의 천적이 누구냐고 묻는다면, 아마 이재명 민주당 대표가 아니라 이준석 전 대표라고 답할 겁니다. 이 상태에서 국정이 제대로 돌아가겠습니까?

지난 10월 말에 국민의힘 인요한 혁신위원장이 임명되고 가장 먼저 한 일이 이준석 전 대표를 향한 구애입니다. 우선 징계를 사면해 줬습니다. 이준석 전 대표는 오히려 반발했죠. "사람을 마음대로 때려놓고 돈 몇 푼 주면서 용서하라고 하면 용서가 되느냐?"는 식으로 분노했습니다.

아마 저라도 그랬을 겁니다. 건너지 못할 다리를 건너버렸어요. 백번 양보해 이준석 전 대표가 당의 품에 안기게 하겠다면, 몇 가지 선제 조건을 제시할 수도 있었을 겁니다. 대표적인 것이 대통령을 견제할 수 있는 지도부를 꾸리는 것일 텐데, 대통령실에서 받아들일까요? 가능성은 없다고 봅니다.

　이대로라면 대통령실은 야당만 하나 더 늘어난 처지가 됩니다. 이준석 세력이 신당을 창당해 총선에서 나름의 성과를 거둔다면, 그들이 적극적으로 윤석열 정부의 성공을 돕겠습니까? 독자 생존과 독자 집권을 꾀하겠습니까? 국정 운영의 동력은 지금보다 더 줄어들 겁니다.

Q 당과 대통령실의 관계부터 바꿔야 한다는 거군요. 그러고 보면 국민의힘 내에서 대통령실을 향해 쓴소리나 충고를 하는 경우가 많지 않은 것 같습니다. 유승민 전 의원은 마치 당외 인사처럼 행보하고 있고요. 강서구청장 보궐선거가 참패로 끝났는데, 당 내에 국정 쇄신 목소리도 크지 않아 보입니다.

양 저는 강서구청장 보궐선거가 끝나고, 공개적으로 이렇게 주장했습니다. "김기현 대표는 사퇴하고 대통령은 국민에게 사과하라" 둘 다 이뤄지지 않았죠. 심지어 선거 직후 지도부 중 선출직은 그냥 두고 임명직만 사퇴하는 기이한 모습까지 보였습니다. 현 국민의힘 지도부가 각성하고, 국민이 원하는 건강한 당대 관계를 만들어 낼 가능성은 별로 없어 보이죠.

　사실 제가 국민의힘이 망해가는 징조를 본 게 지난 2023년 1월 국민의힘 전당대회 국면에서 초선 국회의원들이 나경원 전 의원을 향해 연판장을 돌린 사건입니다.

그때 40명이 넘는 국민의힘 초선의원들이 모여서 나 전 의원에게 '전당대회에 불출마하라' '대통령에게 사과하라' 이렇게 촉구했습니다. 누가 보더라도 그들의 뜻이 아니라 대통령실의 뜻처럼 보였을 겁니다.

초선이라는 말은 그 자체로 혁신, 소신, 강단 같은 좋은 뜻이 포함되어 있다고 생각합니다. 그래서 대통령도 당 대표도 선배들도 초선들이 집단으로 의견을 내면 대부분 존중하고 때로는 두려워하기도 했습니다. 그런데 이들 초선은 권력에 줄을 서는 모습을 보였습니다. 당시 언론도 '패권 돌격대' '공천 줄서기'라며 야단을 쳤습니다. 여권의 한 대선배는 "아예 공천을 안 줘야 국민의힘이 산다"라고 꾸중하기도 했습니다.

보통 '초선 연판장'은 당 주류와 다른 의견을 낼 때 사용하는 카드입니다. 그래서 용기가 필요한 일이고, 이는 주류의 각성을 일으키는 행위여야 합니다. 그런데 당시 연판장은 어땠습니까? 무슨 용기가 필요했나요? 주류의 각성을 일으켰나요? 조직을 위한 것은 맞습니까?

1970년대 '40대 기수론'을 이끌었던 YS와 DJ의 정치는 용기가 있었고, 정치권과 대한민국에 큰 각성과 감동을 주었습니다. 그렇게 당을 위해 새로움을 추구하고 할 말 하는 젊은 정치인들이 당내에 별로 없다는 것, 그것이 국민의힘이 대통령실에 끌려다니는 가장 큰 이유이고, 국민의힘의 앞길에 가장 큰 리스크라고 생각합니다.

Q 국민의힘에는 미래 지도자가 없다, 그런 말로 들립니다.
—

양 이준석 전 대표 같은 분은 좋은 지도자죠. 소신 있고 용기 있고 민심을 아주 잘 알죠. 메시지 전달 능력도 탁월하고요. 특히 청년들과 함께 호흡하는 모습을 보면, 아주 부럽습니다. 다만 지금이 12월 중순인데, 이후에도 계속 국민의힘 소속일지는 모르겠습니다.

Q 대표님 생각에 미래의 좋은 지도자의 자질은 소신과 용기일까요? 또 필요한 게
— 무엇이 있을까요?

양 저도 아직 좋은 지도자가 아니기 때문에 말씀을 드리는 게 좀 민망하고 부끄럽습니다만, 저는 '공감 능력'과 '책임 의식'도 지도자에게 매우 중요하다고 봅니다. 인간적인 리더이자 책임지는 리더 말이죠.

　최근 이태원 참사를 대하는 대통령과 정부·여당을 보면, 이 두 가지, 공감 능력과 책임 의식이 많이 부족해 보입니다. 제가 10.29 이태원 참사 1주기 추모식에 다녀왔는데, 여당 지도부는 대부분 참석하지 않았습니다. 국민의힘 인요한 혁신위원장이 그날 왔는데, 공개적으로 대통령에게 참석을 제안하고 함께 왔다면 많은 유가족과 국민이 위로받았을 겁니다. '혁신위원장'이라는 직책이 더욱 빛나 보였을 테죠.

저는 2022년 이태원 참사가 발생한 직후에도 대통령이 정식으로 사과해야 한다고 말했습니다. 가능한 언어, 가능한 정책, 가능한 결단을 담아 유족 앞에서 고개 숙이라고 했죠. 그리고 나서 행정안전부 장관, 경찰청장 등 책임자도 해임해야 한다고 주장했습니다.

또 이렇게도 얘기했습니다. 10.29 참사는 예방 참사, 구조 참사를 넘어 정치 참사로 이어질 것이다. 진상규명과 재발방지책 마련까지 가지 못하고 극심한 정쟁에 휩싸이게 되면, 세월호 배지가 좌우를 구분하는 표식이 되었듯, 이태원과 핼러윈도 피아를 규정짓는 낙인이 될 거다. 불행히도 제 예상이 다 맞았습니다.

법적 책임은 과정을 묻지만, 정치적 책임은 결과를 묻습니다. 159명의 청춘이 천재가 아닌 인재로 세상을 떠났는데, 어떻게 단 한 명의 정치 지도자도 그 결과에 책임지지 않습니까?

이상민 장관의 탄핵도 '과정의 합법'으로 결국 면죄부를 받았습니다. 탄핵이 기각되었을 때, 이상민 장관은 곧바로 고개 숙이고 사퇴해야 했습니다.

핼러윈 참사와 관련해 대통령은 고집이 대단합니다. 유가족의 추모식 초대를 거절하고, 이상민 장관을 끌어안고 있고, 관련 예산 편성을 막고, 특별법도 거부할 가능성이 큽니다. 공감 능력, 책임 의식을 좀 더 보여줬으면 좋겠습니다.

Q 상식적이고 인간적인 주장으로 들립니다. 그렇다면, 이태원 참사와 관련해서 대

통령과 정부·여당이 어떤 조치를 해야 한다고 생각하십니까?

양 궁극적으로는 유가족에게 용서받는 일이죠. 세월호 참사 때 이주영 당시 행정안전부 장관은 다섯 달 가까이 유가족과 함께 지냈습니다. 그분만큼은 세월호 유가족분들이 용서했다고 생각합니다. 즉, 법적이고 행정적인 접근보다는 진심으로 유가족의 마음에 다가서는 게 먼저라고 봅니다.

사람 사는 일이 다 그렇지 않습니까? 예컨대 의사가 수술하는 중에 환자가 사망하는 일이 생겼습니다. 의사가 가장 먼저 할 일이 뭘까요? "최선을 다했지만, 해내지 못했습니다. 정말 죄송합니다." 이 말을 유족에게 전하는 것 아니겠습니까? 환자나 유가족과 의사 사이의 의료분쟁도 의사가 진심으로 사과하지 않고 법적으로만 '내 잘못이 아니다'라는 식으로 접근하다가 발생하는 경우가 많다고 합니다. 설사 수술 중에 실수가 있었다고 해도, 진심으로 사과하면 대다수 유가족은 의사를 용서할 준비가 되어있을 겁니다.

지금 대통령과 정부·여당이 할 일은 무엇보다 유가족과 만나는 일입니다. 만나서 잘못했다고 하고 용서를 구해야 합니다. 그동안 상처받은 일을 모두 사과해야 합니다. 일단은 찾아가야죠. 그런데 지금은 아예 만나지 않고 있습니다. 윤석열 대통령이 이번 1주기 때 유가족을 찾아갔다면 민심도 대통령에게 많이 돌아왔을 겁니다.

이상민 장관도 당장 내보내야죠. 장관 탄핵 건이 정쟁화되고 헌법재판소에서 기각되면서, 마치 이상민 장관이 면죄부를 받은 것처럼 되어버렸어요. 유족들에게는 이상민 장관이 자리를 지키고 있는 자체가 2차 가해로 느껴질 수 있습니다. 그리고 법적으로는 대통령이 특별법을 수용하고, 관련된 예산, 즉 추모예산이나 조사 예산도 충분히 지원해야 맞습니다.

이제는 정치 지도자들이 더 이상 유족들이 10월 29일, 그날에 갇혀 고통받지 않도록, 국민도 상처를 딛고 미래로 나아갈 수 있도록 힘을 모아야 합니다. 그게 정치가 할 일이고, 떠난 청년들을 위해 어른들이 할 일이 아닐까요? 1주기 추모식이 그걸 시작할 기회 였는데, 놓치고 말았습니다.

창당, 열 명 중 아홉 명은 성공하지 못한다

Q 이른바 '제3지대 빅텐트' 관련 얘기를 해보겠습니다. 최근 신당 창당이 쇄도하는 분위기입니다. 총선을 앞두고 금태섭 전 의원, 이준석 전 대표 등 신당 창당을 진행 중인 정치인들이 많은데, 각각 어떻게 평가하십니까?

양 신당을 만들기 위해 움직이는 인사들은 크게 세 부류로 나눌 수 있습니다. 첫 번째는 국민의힘 계열입니다. 이준석 전 대표, 유승민 전 대표, 이언주 전 의원, 정태근 전 의원, 과거 친박이었던 영남 중진 그룹 등입니다.

두 번째 민주당 계열입니다. 소위 '비명' 그룹과 선도 탈당한 이상민 의원 등이 있습니다. 세 번째 양당 외 제3세력입니다. 우리 한국의희망을 비롯해 금태섭 전 의원이 이끄는 '새로운선택', 정의당과 거리를 둔 류호정 의원 등의 '세 번째 권력'이 여기에 속하겠죠. 이 중 실제 창당에 성공한 세력은 12월 초까지 한국의희망이 유일했고, 12월 중순쯤 '새로운 선택'이 창당에 성공했습니다.

제가 정당을 만들어 보니, 정말 쉽지 않은 일이더군요. 정당의 창당은 선거관리위원회에 신고하는 것이 아니라 승인을 받아야 가능합니다. 즉, 선관위가 요구하는 요건을 갖춰야 비로소 정당으로 허가받을 수 있습니다. 창당준비위는 최소 200명의 발기인이 필요합니다. 그래야 중앙당 창당발기인대회를 할 수 있죠. 정치적으로는 '창당 선언'을 할 수 있습니다.

이후 전국 시도당을 5개 이상 만들어야 합니다. 이를 위해 먼저 시도마다 발기인 100명을 갖추어 시도당 창당발기인대회를 엽니다. 그리고 이제부터가 중요한데, 시도당 별로 각각 당원 1,000명이 있어야 시도당을 창당할 수 있습니다. 이렇게 5개 시도당을 창당한 뒤에 중앙당 창당대회를 개최할 수 있고, 이 단계를 거치면 정당이 공식 출범하는 겁니다. 이 모든 절차를 6개월 안에 끝내지 않으면 무효가 되고요.

Q 아, 간단치 않군요.
—

양 또 있습니다. 우리나라 정당법(제42조 2항)은 국민이 두 개 이상의 당적을 가질 수 없도록 규정합니다. 복수 당적이나 이중 당적

한국의희망 창당발기인 대회 당시

을 허용하지 않는 거죠. 그래서 신당을 창당하려면 당적을 가지지 않은 5,000명의 국민이 필요합니다. 시도당을 관할하는 지역 선거 관리위원회는 창당 심사 과정에서 이 5,000명의 정보에 대한 진위를 확인합니다.

보통 서울과 경기 등 대도시 지역은 오히려 창당이 쉽습니다. 당적이 없는 사람들이 많기 때문이죠. 한국의희망의 경우, 대표인 제가 호남 출신임에도 전남도당과 광주광역시당을 만드는 것이 가장 어려웠습니다.

특히 전남이 힘들었습니다. 저희가 아는 시민들 대부분이 민주당 당원이었습니다. 아주 어려웠습니다. 실제 선관위 직원이 "창당을 하겠다고 신고한 10명 중 9명은 성공하지 못한다."고 하더군요.

외부 사람은 모르겠지만, 저희 한국의희망 창당 발기인들은 6월 26일에 창당 선언을 하고 8월 28일 공식 창당하기까지 하루하루를 동분서주, 노심초사했습니다.

Q 그렇다면 양 대표님은 현재 창당을 준비하는 분들 대부분이 창당하지 못할 것이다, 이렇게 생각하시는 건가요?

양 대부분 성공하시겠죠. 다들 저보다 인지도와 조직력이 강한 분들이라고 생각합니다. 그러나 창당을 하는 것과 하지 않는 것은 차이가 크니까, 창당 여부가 지금부터 얘기할 '제3지대 빅텐트'의 중요한 변수라는 겁니다.

그래서 제게 연대 제안을 하는 분들에게는 이렇게 말씀드리고 있습니다. "창당하고 나서 연대나 합당 논의를 해야 합니다. 그게 아니라면 한국의희망에 입당하고 나서 얘기하시죠."

제3지대 빅 텐트,
함께할 길은 늘 열려있다

Q   지난 8월 창당대회 때 금태섭 전 의원, 류호정 의원이 참석해서 축사를 했습니다.

한국의희망은 금태섭 전 의원, 정의당 조성주 위원장과는 전국 순회 시국 토론회도 진

행했죠. 그런데 12월에 접어들어 금태섭 전 의원이 이끄는 '새로운선택'과 류호정 의원

과 조성주 위원장이 주도하는 '세 번째 권력'이 '공동 창당을 선언했습니다. 이들과 한국

의희망은 향후 함께하는 것입니까?

양   길은 늘 열려있습니다. 한국의희망 창당대회 날, 저는 금태섭

전 의원, 류호정 의원 두 분께 "우리는 정치 기득권을 타파할 동반

자"라고 말했습니다. 그리고 토론회와 대화를 통해 서로의 신념과

철학을 공유했습니다. 금태섭 전 의원이자 새로운선택 대표와는

자주 토론하고 얘기하면서 한국의희망과 접점이 많다는 것을 확인

하고 있습니다.

지난 10월, 정태근 '당신과함께' 대표가 주관하는 토론회에서 제가 이렇게 제안했습니다. 성을 쌓는 나라는 망하고, 길을 내는 나라는 흥한다. 정당도 마찬가지다. 이념과 진영의 성에 갇히면 망하고, 길을 내서 다른 세상으로, 미래로 나아가면 흥한다고 말입니다. 그리고 의제 합의, 정책 연대 등 기존 방법을 포함해서 더 창의적이고 담대한 방식으로 함께 힘을 모으자고 했습니다.

Q 지난 10월 말 정의당 이정미 대표가 "한국의희망 등과는 총선 연대라는 틀 안에서 폭넓게 접촉하겠다."라고 말했습니다. 또 11월 5일에는 한국의희망 등과 선거연대는 안 한다는 취지로 말했습니다. 한국의희망의 입장은 무엇입니까?

양 이정미 대표님과 따로 얘기한 적은 없습니다. 언론을 통해 들은바, 이 대표는 지금까지 '양향자 신당'과 관련해 세 차례 입장을 밝혔고, 모두 다릅니다. 처음에는 "살아온 삶의 궤적이 다르다."라며 거부했고, 두 번째는 선거연대와 정책연대는 가능하다는 취지로 말했고, 세 번째는 다시 또 선을 그었습니다. 그분의 입장은 사실 알 수 없습니다. 사귀지도 않았는데, 이별을 통보받은 느낌입니다.

Q 최근 이준석 전 대표와 관련해 언론의 관심이 큽니다. 혹시 이 전 대표가 창당한다면, 한국의희망과 연대나 합당 가능성이 있습니까?

양 역시 연대 가능성은 열려있습니다. 12월 중순인 지금, 앞서 제
가 언급한 신당 세력 중 이준석 전 대표가 가장 주목받고 있는 게
사실이죠. 주위에서 "양향자와 이준석이 힘을 모으면 시너지가 가
장 클 것이다."라고 조언하는 분들도 많습니다.

물론 이준석 전 대표의 인지도와 지명도가 높으니 신당 세력마
다 이 전 대표에 매력이 느낄 것이고, 한편으로는 그 영향력과 득
표력을 질투하거나 걱정하기도 할 겁니다. 제게 조언하는 분들도
이 두 가지를 고려해서 '이준석 신당'과 힘을 모으라고 하신 것일
테죠.

이준석 전 대표와 저는 세 가지 닮은 점이 있다고 생각합니다.
첫째는 탈 진영 이미지입니다. 그분은 국민의힘 대표까지 했고, 저
도 민주당 최고위원까지 했지만, 둘 다 보수와 진보, 좌우 등 이념
에 경도되지 않았습니다. 정치 행보와 메시지도 실용적이고 현실
적입니다.

두 번째 공통점은 둘 다 소속된 당에서 박해받고 쫓겨나다시피
했다는 겁니다. 이유는 '달라서'입니다. 주류에 순응하거나 권력에
굴종하지 않고 제 목소리를 냈기 때문에, 핍박을 받고 때로는 왕따
가 되기도 했습니다. 이 부분은 금태섭 대표도 마찬가지입니다. 그
분도 당과 다른 목소리를 내다가 탄압받고 당을 나왔죠.

세 번째는 둘 다 공학도라는 겁니다. 저는 반도체 엔지니어였고,
이 전 대표는 컴퓨터 과학을 전공했습니다. 저도 대학원에서 전기

전자컴퓨터공학을 전공했습니다. 저의 궁극적 목표가 과학기술 패권국가, 첨단산업 선도국가인데 이는 세계적·미래적 관점에서 반드시 우리가 가야 할 길이라고 생각하고, 이 전 대표도 적극 동의하리라 믿습니다.

Q 두 사람의 출신도 조화를 이루는 것 같습니다. 양 대표님은 호남, 이 전 대표는 서울이니까요.

양 출신 지역뿐만 아니라, 나이도 성별도 밸런스가 맞습니다. 함께 힘을 모은다면 강력한 시너지가 날 겁니다. 그리고 아무도 우리를 보며 낡은 인물이라거나 구태 조합이라고 하지는 않겠죠. 새로운 정치를 바라는 국민의 기대에 부응할 수 있을 것으로 생각합니다. 우리가 타파하고자 하는 거대 양당 기득권, 즉 민주당과 국민의힘이 가장 두려워하는 시나리오일 수도 있겠습니다.

2부

K-첨단벨트 군단으로 총선 승리

과학기술 패권국가, 첨단산업 선도국가

Q 인터넷에서 양향자 대표님을 검색하면 뜨는 말, 즉 연관 검색어 중에 대표적인 것
이 '과학기술 패권국가'입니다. 정치를 하시는 가장 중요한 목표로 보입니다. 자주 강조
하시는 표현이기도 하고요.

양 과학기술로 세계를 제패한다, 과학기술로 세계를 이끈다, 세
계 1위의 과학기술 국가로 만든다, 이런 말입니다. 이를 위해 과학
기술을 국가 운영의 최우선에 두겠다, 그런 의지이기도 합니다. 제
가 2021년에 쓴 책의 제목이기도 하고요.

한국의희망의 최우선 강령이 '과학기술'인데, 내용이 이렇습니
다. "과학기술을 국정의 중심에 두고 민·관·학·정·산의 협력을 도
모하며 기술진흥·산업육성·정책개발·인재양성에 앞장선다." 한

국의희망이라는 당의 이름을 정하기 전에 유력한 후보 중 하나가 '과학기술당'이었습니다.

Q 과학기술이 대한민국의 미래 핵심 전략이다, 이런 취지군요.
—

양 그렇습니다. 과학기술은 그 자체로 끝나는 것이 아니라 첨단 산업으로 이어집니다. 경제발전, 즉 경제를 키우는 핵심이 바로 산업 아니겠습니까? 또, 과학기술은 외교적으로도 대단히 중요한 수단입니다.

대한민국은 세계 1위의 메모리 반도체 국가입니다. 이를 이용해서 다양한 외교 협상을 할 수 있습니다. 반도체가 없으면 전 세계 경제가 멈춰 서기 때문입니다. 예전의 석유와 같은 거죠. 그래서 "반도체는 21세기의 석유다."라고 말하기도 합니다.

과학기술은 안보이고 국방이기도 합니다. 한국의 반도체 산업은 우방인 미국의 산업에도 큰 영향을 미칩니다. 미국이 자국에서 반도체를 수급하는 비율이 10%대밖에 안 되거든요. 만약 미국에 반도체를 많이 공급하는 한국이나 대만에 전쟁이 난다면, 가장 피해를 크게 보는 나라가 미국일 수도 있는 거죠. 따라서 미국은 북한이 한국을 침공하거나 중국이 대만을 침략할 가능성을 낮추려고 애를 쓰는 겁니다.

또 과학기술은 복지이기도 하고, 교육이기도 합니다. 예컨대 고등학교까지 모든 학생에게 태블릿PC를 지급하고, 인기 있는 인터넷 강의를 무료로 제공하고, 데이터까지 맘껏 무료로 쓸 수 있게 한다고 생각해 보십시오. 그것만큼 좋은 교육제도, 복지제도가 있을까요? 교육 소외, 학력 격차, 교육 불평등도 많이 없어질 겁니다.

게다가 과학기술은 진영이 따로 없습니다. 좌우 이념 구분도 없습니다. 계층과 지역에 대한 차별도 있을 수 없죠. 과학기술에 대한 호남의 생각이 다르고, 영남의 입장이 다르고, 그럴 리 없지 않겠습니까?

과학기술을 키워서 첨단산업 국가로 나아가자, 많은 국민이 다 같이 이런 생각을 할 겁니다. 그게 시급한 일이냐 아니냐의 의견만 다른 거죠. 저와 한국의희망은 그것이 가장 시급한 일이고, 가장 중요한 일이라고 생각하는 겁니다.

Q 정말 설득력 있는 얘기인데, 우리 정치권은 왜 과학기술에 관해 의견 일치가 안 되는 걸까요?

양 저는 정치권이 과학기술의 중요성을 잘 모른다고 생각합니다. 그건 어쩔 수 없는 겁니다. 모든 사람은 자기가 살아온 세계관으로 세상을 이해하고, 미래도 그려보고 하는 거잖아요? 법으로 세상을 보는 사람은 법이 가장 중요하다고 생각하기 쉽죠.

일단 국회의원 300명 중에 과학기술자가 드뭅니다. 21대 국회에서 판사, 검사, 변호사 등 법률가 출신이 50명 가까이 되고, 공무원 출신도 그만큼 많습니다. 그런데 과학기술 분야는 몇 명이 안되고 한국의 전략산업인 반도체 분야, 그 영역은 엔지니어 출신인 저 한 명밖에 없습니다.

지금 여야 지도부를 봐도 그래요. 일단 대통령이 검사 출신이죠. 여당인 국민의힘의 김기현 대표는 판사 출신이고 그 당의 윤재옥 원내대표는 경찰 출신입니다. 민주당은 어때요? 오랜 기간 행정가이긴 했지만, 이재명 대표도 변호사 출신이죠. 홍익표 원내대표는 정치학자였고요.

물론 다양한 분야의 정치인과 국회의원이 있어야 합니다. 그분들이 모두 전문가라는 사실도 인정합니다. 그러나 과학기술, 첨단산업의 사회적 중요성을 고려할 때, 관련 전문가가 국회에 적어도 너무 적습니다.

가끔 저는 '국회에 나와 같은 반도체 산업 출신 국회의원이 한 명만 더 있다면 얼마나 좋을까?' 이런 생각을 합니다. 일하다 보면 사실 외롭거든요. 다른 의원들은 자신과 전공이나 전직이 같은 분들끼리 상시적으로 소통하며 토론하는데, 그 모습을 보면 부러운 마음이 드는 게 사실이죠.

제 입장에서는, 정치가 그다지 중요하지 않은 일에 너무 많은 힘을 낭비하는 것 같아요. 예컨대 몇몇 국무위원의 탄핵 논란이 있지 않았습니까? 물론 정부 인사의 정치 개입 문제의 위법성을 따지고 이를 개선하는 일은 매우 중요한 일이죠.

하지만 거기에 드는 국가적 에너지가 너무 크다는 게 문제입니다. 국정감사에서도 다른 시급한 현안 질의를 제쳐두고 그 얘기만 정말 많이 하잖아요? 그 관심의 반만큼이라도 반도체나 바이오 등 미래 첨단산업을 키울 방법과 지원책을 주제로 토론한다면 얼마나 좋을까, 생각합니다. 그러면 우리 미래가 바뀔 겁니다. 한국 경제가 달라질 겁니다.

양당 모두에서
반도체 특위 위원장을 맡다

Q 반도체 문제와 관련해서 국민들은 크게 걱정하지 않는 것 같습니다. 보통은 '반도체는 한국이 이미 세계 1등 아냐?' '삼성반도체가 세계에서 잘 나가잖아?'라고 생각하는 경우가 많습니다.

양 고정관념이고, 사실도 아닙니다. 간단히 말씀드리면, 지금 삼성 반도체는 잘 나가는 게 아니라 죽어가고 있다고 해도 과언이 아닙니다. 국가가 힘껏 밀어주고 함께 뛰어주지 않으면, 머지않아 일본의 반도체 산업처럼 망할 수도 있다고 생각합니다.

일본은 1980년대 후반까지 세계 메모리 반도체 시장점유율 80%를 차지하던 세계 1위 반도체 생산기지였습니다. 그러나 지금은 이전의 아성을 완전히 잃어버렸습니다. 80년대 후반, 메모리

반도체 기업 글로벌 TOP10 중 다섯 곳이 일본 기업이었습니다. NEC, 도시바, 히타치 같은 기업들입니다. 지금은 어디 있습니까? 모두 사라졌습니다.

반도체는 1위만 살아남는 산업입니다. 생각해 보세요. 누가 자신이 만든 첨단 제품에 이류 반도체를 넣고 싶겠습니까? 1등은 엄청난 격차로 1등이 되는 것이고, 따라오거나 넘어서지 못하면 결국 도태되는 겁니다. 그런 산업 특성을 사람들은 잘 모르죠. 일반 국민은 물론 정치권도 모르고 외면하기 때문에 큰 문제인 겁니다.

한국 경제의 반도체 의존도는 매우 높습니다. 반도체는 대한민국 총수출액의 약 20%를 담당하고, 100조 원 이상의 부가가치를 창출합니다. 반도체 산업과 같은 첨단산업이 우리나라에 4개가 더 있다고 생각해 보십시오. 지금보다 2배 더 잘살게 되는 겁니다.

그런데 만약 이 산업이 무너지면 어떻게 되겠습니까? 반도체 산업이 꺾이면 한국 경제가 꺾이는 겁니다. 그런데 다들 반도체 산업에는 크게 신경을 쓰지 않아요. 위기의식이 없습니다. 알아서 잘하겠지, 이렇게 생각합니다.

가장 위험한 생각이 '삼성이 알아서 잘하겠지.' 하는 안일함입니다. 물론 일반인은 그렇게 생각할 수 있어요. 하지만 정치인은 그러면 안 됩니다. 그건 무식한 겁니다. 보통은 반도체로 통칭해서 '삼성이 세계 1위다'라고 생각하지만, 사실 메모리 반도체 제조에 한정해서만 그렇습니다. 비메모리 반도체, 즉 시스템 반도체 제조는 대만의 TSMC가 압도적 1위입니다. 삼성은 두 배 넘게 뒤처지는 2위입니다. 순이익도 삼성보다 TSMC가 훨씬 더 많습니다. 메모리보다 비메모리 분야가 시장이 훨씬 더 크고 앞으로도 더 커질 겁니다.

Q 상황이 심상치 않네요. 세계에서 1등 하는 한국 스포츠 선수가 있는데, 알고 보니 몸이 점점 안 좋아지고 있다는 말을 듣는 것 같습니다.

양 심각합니다. 지금, 이 순간에도 반도체 산업현장에 가보면 관계자들마다 상황이 너무 어렵다며 아우성입니다. 최근에는 불황으로 가격도 많이 떨어진 상황입니다. 2023년 수출액이 2022년에 비해 반토막이 났으니까요. 삼성전자 반도체 부문 영업이익도 지난해보다 80~90% 줄었고, 또 다른 반도체 회사인 SK하이닉스는 2022년 4분기에 1조7천억 원의 영업 적자를 기록했습니다. 수천 개 협력 중견·중소 기업들도 한계에 내몰리는 상황입니다.

그런데 정부가 이 산업에 충분한 지원을 하지 않고 있습니다. 다른 경쟁국들은 우리보다 훨씬 더 많은 지원을 합니다. 예컨대 전력·용수·폐수처리 등 반도체 관련 인프라를 국가가 구축하고 반도체 기업에게는 사용료만 내게 합니다.

그러나 한국은 기업이 전액 부담합니다. 세계 육상대회에서 다른 나라는 출전 선수에게 최고의 운동화를 신겨주는데, 한국은 운동화 대신 모래주머니를 달고 뛰라고 하는 격입니다.

Q 　민주당에 계실 때 반도체 특위 위원장을 했는데, 탈당 후 지난해에는 국민의힘에
서 <반도체산업 경쟁력강화 특위> 위원장을 맡았습니다. 많은 사람이 '양향자 의원이
이제 국민의힘으로 가는구나.' 이렇게 생각했는데 국민의힘에 입당하지 않으셨습니다.
지금 보니 이유를 알겠습니다. 정치적 노림수가 아니라 이런 절박함 때문이었군요.

양 　반도체에 여야가 있습니까? 이념이 있습니까? 당시 언론에서
는 "헌정사 최초로 야당 인사가 여당의 특위 위원장을 맡았다."라
고 했습니다. 그만큼 시급한 일이었습니다.

　제가 국민의힘에 입당하느냐, 안 하느냐도 중요하지 않았습니
다. "일단 맡을 테니, 2022년 5월 대통령 취임 후 국회 원 구성이
되면 국회 차원의 특위를 만들어 달라." 이 조건만 제시했고, 국민
의힘 지도부에서 수용해서 위원장직을 수락한 겁니다.

국민의힘 반도체특별위원회 위원장 수락문

국민의힘의 약속을 믿고, 반도체 특위 위원장직을 수락합니다.
국민의힘 측에서 "국회 차원의 반도체 특위를 만들자"라는 저의 요구를 받
아들였습니다. 국회가 개원하는 대로 특위 설치를 추진하겠다는 로드맵을
발표했습니다. 그 약속과 의지를 믿고, 국민의힘 측에서 제게 제안한 반도

체 특위의 위원장직을 수락합니다.

이 시대의 반도체 산업은, 역사상 최초로 여당 특위 위원장을 야당 인사에게 맡길 만큼 중차대한 일이고, 지지부진한 국회 원 구성과 특위 입법을 기다릴 수 없을 만큼 시급한 일입니다.

거국적, 초당적, 그리고 신속한 여야의 의기투합을 기대합니다.

저는 특정 정당에 소속됨이나 입당 없이 오직 반도체 산업의 수호와 육성에만 전념하겠습니다. 국민 여러분의 많은 관심과 응원을 부탁드립니다.

2022년 6월 24일

열심히 활동했습니다. 특위의 성과물로 지난해 반도체 특별법(K-칩스법)을 만들어 발의했죠. 6개월도 안 된 연말에 통과됐습니다. 반도체가 영어로 칩(chip)이고, 법안은 영어로 액트(act)입니다. 제 법안의 별칭이 K-칩스액트, K-칩스법입니다. 미국, 대만, 일본, 유럽 등 우리의 반도체 경쟁국들마다 파격적인 '칩스액트'가 있습니다. 국가가 엄청나게 큰 지원을 합니다.

얼마나 파격적이냐? 미국의 경우, 지원 규모가 520억 달러(약 67조 원)나 되고, 최대 40%까지 시설투자 관련 세액을 공제하고 있습니다. 다른 나라에 대한 반도체 의존도를 줄이고 자국으로 반도체 공장과 기업을 불러들이기 위해 공격적인 투자와 세제 혜택을 제공합니다. 대만도 시설투자 세액공제가 25%입니다.

우리도 그래야 합니다. 하지만 한국의 공제율은 얼마인 줄 아세요? 15%입니다. 이것도 겨우겨우 해낸 겁니다. 제가 만든 'K-칩스법'의 주요 내용은 반도체 시설투자 세액공제를 25% 정도 해주자는 것이었습니다. 그 정도는 돼야 경쟁국인 대만이나 미국이랑 싸워볼 수 있지 않겠습니까?

그런데 이것도 국회에서 '대기업 특혜'라는 프레임으로 잘 받아주지 않습니다. 정부도 돈을 아낀다며 8%로 낮추려 했습니다. 제가 부득부득 반대하고 윤석열 대통령이 시정 지시를 해서 겨우겨우 15%로 통과되었습니다. 세계 1위를 지키라면서 글로벌 스탠더드에도 못 미치는 지원을 하는 거죠.

K-칩스법과 매국노 논쟁

Q 세계적 상황이 이런데 'K-칩스법'이 대기업 특혜라는 주장은 이해가 안 되네요.
만약 그렇게 생각하는 국민이 있다면 정치인이 국민을 이해시켜야지, 선입견에 입각한
여론에 정치권이 편승하거나 부추겨서는 안 될 텐데 말이죠.

양 K-칩스법에는 수도권 대학에 반도체 학과를 설치하는 등 첨
단분야 관련 대학 정원을 늘리자는 내용도 있었습니다. SK하이닉
스의 경우, 2019년에 구미시가 파격적인 지원을 약속했지만 결국
용인을 선택했습니다. 가장 큰 이유가 '인재 수급' 문제였습니다.
구미에서는 반도체 산업에 필요한 인재를 데려오기가 힘든 거죠.
관련 인재들이 수도권에 취직하려고 하지, 구미까지 가려고 하지
않으니까요.

그 문제는 그것대로 국토균형발전 차원에서 지역에 유인책을 만들고 지방 대학에도 첨단산업 관련 학과를 신설하는 등의 지원책을 논의하면 됩니다. 그런데 수도권에 반도체 학과를 만들고 반도체 산업을 키우자고 하니까 "수도권 대학만을 위하는 정책 아니냐." 하면서 지방을 지역구로 둔 국회의원들이 반대를 해요.

반도체 학과를 나와도 전문적으로 실력을 발휘하려면 5년은 더 걸립니다. 그렇게 한 명을 키우는 데 족히 10년이 걸리는데, 10년이면 반도체 산업이 백번은 망할 수도, 흥할 수도 있는 긴 시간입니다. 그런데 그런 절박한 사안을 수도권 비수도권 프레임을 걸어서 딱 가로막습니다. 기가 막힐 노릇이었습니다.

Q 기억납니다. 당시 대표님이 '매국노'라는 표현을 쓰셨던 것으로 기억합니다. 듣고 보니 왜 그런 말을 하셨는지 이해가 되네요.

양 사실 제가 사용한 '매국노'는 나라를 팔아먹는 매국노가 아니라 나라의 미래를 땅에 파묻는, 파묻을 매(埋) 자를 써서 '埋國奴(매국노)'라고 했습니다. 화가 정말 많이 났지만, 최대한 점잖게 쓴 겁니다. 그 글을 SNS에 올리고 나서 언론에 여기저기 보도가 되니까, 동료 국회의원들이 제게 전화해서 "혹시 내가 매국노냐?"라고 따지듯이 물어요. 그래서 제가 쓴 글 마지막에 한 문장을 추가했습니다. "이 글을 읽고 마음이 뜨끔하다면, 바로 당신이 매국노(埋國

奴)다."

당시에는 정말 거의 울부짖었습니다. K-칩스법은 누군가에게 특혜를 주는 법안이 아니다, '반도체 산업 생존법'이자 '국가 미래 사수법'이다, 하면서요. 산업 발전 없이는 민생 경제도 국가의 미래도 없다, 이렇게 주장했습니다.

그러면서 지금 대한민국에는 세 가지 매국노가 있다고 했죠. 첫 번째는 '첨단산업 정책을 정치권의 정략적 거래에 사용하는 자'입니다. 두 번째는 '대기업과 특정 산업 특혜라며 갈라치는 자'이고, 세 번째는 '국토균형발전론을 오남용하는 자', 즉 지역 이기주의를 국토균형발전론으로 포장해 방해하는 자라고 했습니다.

Q 결국, 정치권의 '국민 갈라치기'를 저격한 거로군요.

양 네. 정치 공방에서 가장 치졸하지만, 또 가장 효과적인 전략이 '갈라치기'입니다. 본질과 다른 싸움과 갈등을 만들어 책임을 회피하고 전가하는 것이죠. 저는 K-칩스법은 백익무해(百益無害)한 법이라고 생각했습니다. 아무에게도 해가 안된다는 거죠.

우선 그 법의 수혜자는 대기업과 반도체 산업뿐만 아니라 모든 첨단기업과 미래산업입니다. 국가의 생존과 다음 세대를 위한 일인 거죠. 따라서 정치권이 반드시 의무감을 가지고 접근해야 하는 일입니다.

지난 문재인 정부는 반도체·미래차·바이오헬스를 빅3 산업으로 지정했고, 윤석열 정부도 반도체·2차전지·디스플레이 3개 산업을 국가 첨단 전략기술 분야로 지정했습니다. 그 뜻은 뭐냐? 앞으로 이들 산업에 특별한 정부 지원을 하겠다는 의지입니다. 그런데 왜 지원을 반대하는 겁니까?

반도체는 기업 간 경쟁이 아닌 국가대항전

양 일본의 경우, 구마모토현에 공장을 건설 중인 대만 TSMC에 약 4.5조 원을 지원합니다. TSMC는 외국기업인데 말이죠. 미국과의 공조를 위해 첨단반도체 미일 협력 연구거점 정비에 3조3천억 원도 투입합니다. 도요타, 소니, 키오시아 등 자국 기업 8곳이 뭉쳐 첨단반도체 회사 '라피더스(Rapidus)'에 6천6백억 원을 지원하고요.

미국은 더합니다. 반도체 산업에 대한 미국 정부의 보조금 지원은 상상을 초월합니다. 미국은 그동안 정부 보조금을 '시장경쟁에 반하는 사회주의 국가의 반칙'쯤으로 매도했습니다. 중국 정부가 '반도체 굴기 2025'에 보조금을 쏟아붓는다고 제재를 가하기도 했죠. 그런 미국이 반도체 산업육성을 위해 67조 원의 보조금을 지원합니다. 이념보다 실용을 따르는 겁니다.

그런데 우리 정치권 일부는 이런 경쟁국의 지원법에 대응하는

K-칩스법에 대해 대기업 특혜라느니, 특정 산업 밀어주기라느니, 지역 소외라느니, 낡은 궤변만 늘어놓으며 반대를 합니다. 이념 갈등, 대·중소기업 간 갈등, 지역 간 갈등을 부추기고 본질을 왜곡하려 하는데, 어찌 참고 있겠습니까?

Q 말씀대로, 산업 측면에서 미국의 이기주의가 점점 강화되고 있습니다. 자국 우선주의 외교 노선에 어떻게 대응해야 할까요? 한국 전기 자동차 수출을 방해하는 IRA(Inflation Reduction Act)나, '첨단반도체 장비 대중 수출금지 조치' 등이 그 예가 될 것 같습니다.

양 외교는 양심에 기댈 수 없습니다. 이익이 먼저죠. 제가 기업인 출신인데, 비즈니스와 외교의 닮은 점, 바로 이익이 최우선이라는 겁니다. 당장이든 나중이든 반드시 국가에 이익이 되어야 합니다. 미국도 그런 맥락에서 IRA와 같은 정책을 진행하고 있죠.

현재 미국의 외교 기조에는 미국 국민의 불만과 위기의식이 반영되어 있고, 바이든 행정부의 불안과 강박도 느껴집니다. 2024년에 미국 대선이 있습니다. 지난 2022년 11월에는 중간선거가 있었는데, 상원에서 이긴 바이든이 재선 도전의 교두보를 지켰고, 하원에서 이긴 공화당도 차기 대선 승리의 발판을 만들었습니다. 둘 다 이긴 것 같지만, 둘 다 진 것입니다. 어느 쪽도 대선 승리를 낙관할 수 없는 상황입니다.

세미콘코리아2023 강연 모습

    결국 2024년 미국 대선의 쟁점은 '경제'일 겁니다. 현 정권의 바이든 대통령도 그렇고, 상대 주자인 트럼프 전 대통령도 그렇고 다들 경제를 집중적으로 얘기할 겁니다. 경제를 살리고 물가를 낮추겠다, 미국 경제를 위협하는 중국을 잡겠다, 이런 자국 우선주의와 대중 견제가 선거의 핵심 쟁점이 되겠죠.

    이런 상황에서 한국은 어떤 외교적 카드를 가지고 있는가, 이걸 생각해 봐야 합니다. 윤석열 대통령의 외교를 보고 민주당이 '외교 참사'란 말을 자주 하는데, 대통령의 말실수나 의전상 결례는 해프닝이지 참사는 아닐 겁니다. 물론 말 한마디에 전쟁도 나고 그런 게 외교이긴 합니다만.

진정한 외교적 참사(disaster)란, 국가 정상 간 예우나 태도의 문제보다는 우리를 경제적으로 압박하는 상대국에 대항할 무기가 아무것도 없는 상태일 겁니다. 그런 게 진짜 '재앙(disaster)'이죠.

우리의 가장 큰 무기는 뭘까요? 바로 반도체·배터리·바이오 등 첨단산업의 뛰어난 기술력, 그리고 거대한 생산 역량입니다. 그게 갖춰지면 미국이 아무리 강력한 보호무역주의나 자국우선주의 기조를 유지해도, 한국에게는 칼바람이 아닌 봄바람처럼 유순하게 느껴질 겁니다. 몽니를 부리다 손해 보는 쪽, 아쉬운 쪽은 미국이기 때문이죠.

제가 늘 "적어도 반도체 분야에서는 미국이 지금의 한국을 함부로 다룰 수 없다."라고 단언하는 이유입니다. 한국은 반도체의 주요 생산자이자 글로벌 공급망의 한 축을 담당하는 주인공이기 때문입니다.

가장 큰 문제는, 우리의 첨단산업 경쟁력을 계속 유지할 수 있느냐는 것입니다. 정치권이 협조해 주지 않고, 첨단산업 지원 정책을 계속 정쟁의 영역으로 가져가면, 어느 기업이 한국에 계속 남아 있겠습니까? 기업들의 '코리아 엑소더스'를 막으려면 정치가 기업 활동을 방해하지 말고, 정부가 투자를 촉진하고, 인재도 원활하게 공급할 수 있는 시스템을 만들어줘야 합니다.

Q 첨단 산업경쟁력 키우는 것을 정부가 방해하지 마라?

양 반도체 기술의 경우, 저는 "1,000마리의 말이 이끄는 전차 레이싱과 같다."고 자주 얘기합니다. 무슨 말이냐? 반도체 기술은 1,000가지 기술이 융합해 전력 질주하면서 15년의 이상 '기술 기둥'을 세워야 비로소 산업으로서 경쟁력을 갖는다는 뜻입니다. 그 말 한 마리, 즉 하나의 기술이라도 뒤처지면 대열과 속도가 무너져 곧바로 밀려나게 됩니다. 반드시 국가 차원에서 지원해야 합니다. 개별 기업 하나하나에 맡겨서 될 문제가 아닙니다.

15년이 필요하다고 말씀드렸는데, 15년이면 어떤 시간입니까? 임기 5년의 대통령 3명, 임기 2년 양당의 대표 16명이 일하는 시간입니다. 그들 모두가 일관되게 관심을 가지고 지원해도 될까 말까 한 산업이 반도체입니다.

반도체 산업은 기업 간의 경쟁이 아닙니다. 기업이 알아서 해라, 그렇게 말하는 건 망해도 좋다는 말과 같습니다. 국가 간 경쟁, 국가대항전이라는 인식을 정확히 가져야 합니다.

반도체뿐만 아니라 모든 첨단산업이 그렇습니다. 한 사람, 한 기업이 만들어 낼 수 있는 발명품이 아니라 국가 차원에서 도전해야 할 전략적 프로젝트여야 합니다.

민주당의 몽니,
양향자 때문에 특위 안 한다?

Q 앞서 국회 차원의 반도체 특위를 만들어야 한다고 말씀하셨습니다. 정당 특위와
국회 특위의 차이점은 무엇입니까?

양 2021년에 더불어민주당이 여당일 때도 반도체 산업 관련 특
위 위원장을 했습니다. 기구 이름이 '더불어민주당 반도체기술특
별위원회'였습니다. 그때 느낀 정당 특위의 한계가 있습니다. 네
가지인데요.

첫 번째는 전문가들이 잘 안 옵니다. 정당의 간판을 달면 교수님
들이나 기업인들이 참여를 꺼립니다. 정당 특위에 참여하고 나면
민주당 인사니, 국민의힘 사람이니, 보수니, 진보니, 이런 딱지가
붙거든요. 진영 정치가 이렇게 무섭습니다.

두 번째는 법안 통과가 잘 안 됩니다. 국민의힘 특위에서 제가 이끈 K-칩스법도 민주당이 잘 안 받아줬잖아요? 특위의 결과물은 결국 법안으로 완성되는데, 국회 다수당은 민주당이니 협조를 받아야 하죠. 정치적 유불리나 다른 계산 없이 국회 차원에서 법안이 진행될 수 있어야 한다고 생각했습니다.

세 번째는 지속 가능하지가 않습니다. 정당 지도부가 바뀌면 정당 특위의 구성원이 바뀝니다. 아예 사라지는 경우도 있죠. 제가 민주당 특위에서 위원장을 맡고 있었을 때 당 지도부가 바뀌었습니다. 당시 송영길 대표가 저에게 말도 하지 않고 하루아침에 특위 위원장을 저보다 선수가 높은 분으로 교체를 했어요. 첨단산업이나 반도체와는 별 관련이 없는 분이었죠.

네 번째는 너무 비효율적이라는 겁니다. 반도체와 관련된 정부 부처 공무원들이 이구동성 하는 말이 있습니다. 여·야·정에 각각 따로 보고하는 막대한 비효율을 없애달라는 것입니다. 국회 특위가 생기면 진행 속도가 지금보다 세 배는 빨라질 거라고 했죠.

Q 그런데 국민의힘 반도체 특위가 끝나고 드디어 국회 차원의 반도체 특위가 만들어졌는데, 왜 참여하지 않았습니까?

양 처음 6개월 정도 참여를 안 했죠. 사실은 못 했죠. 이 부분도 참 한심한 정치 현실 때문입니다. 민주당이 얼마나 미래산업을 정치적으로 해석하는지 보여주는 예이기도 합니다. 앞서 말한 대로, 민주당이 반도체 특위 위원장인 저를 일방적으로 교체한 사안과 같은 맥락입니다.

자, 2022년 8월 제가 국회 차원의 반도체 특위를 기약하며 국민의힘 반도체 특위를 마무리했습니다. 법안(K-칩스법)도 만들어뒀고요. 그리고 '바로 국회 특위를 만들겠지' 했는데 민주당이 안 하겠다는 겁니다.

자세히 알아보니 당시 민주당 지도부에서 "양향자가 특위에 들어오면 우리는 안 하겠다."라고 한 겁니다. 몇몇 언론은 "민주당이 양향자에게 이른바 '검수완박' 때의 앙금이 남아 있다."라고 분석했습니다. 창피한 일이죠. 국가 대계를 그렇게 감정적으로 진행하다니요.

저는 특위 위원장을 안 해도 좋고, 위원을 안 해도 좋으니 국회 특위부터 만들라고 공개 성명을 냈습니다. 우여곡절 끝에 2023년 2월, 국회 특위가 만들어집니다. 총 18명이 선임되었는데, 비교섭단체 몫인 무소속 1명에 저 말고 다른 분이 들어갔습니다. 당시 언론이 제가 특위에 참여하지 못한 현실을 두고 비판을 많이 했습니다. 그중 기사 두 개를 소개합니다.

21대 국회 최고의 반도체 전문가 양향자 의원이 특위에서 빠졌다. 18명의 위원 중 비교섭단체 몫인 무소속 1명은 신청자 중 국회의장이 선임하는데, 양 의원 대신 비전문가인 민형배 의원을 선택했다. … 물론 전문가만 특위 활동을 하라는 법은 없다. 그럼에도 불구하고 자격을 갖춘 전문가가 있는데도 굳이 비전문가를 고집하는 건 상식에 반한다. … 첨단산업 패권을 놓고 글로벌 각축전이 벌어지고 있는 마당에 국익을 극대화하는 최고의 결과물을 도출하는 게 중요하지, 의원 간 형평성을 따질 때인가. (2023.2.14. 매일경제 사설 中)

김진표 국회의장이 양향자 의원을 배제하고 민형배 의원을 선임했다. … 국회 첨단전략산업특위는 반도체 등 국가 미래가 달린 첨단산업과 관련된 제도와 법안을 논의하는 자리다. 해당 분야의 국내외 흐름을 꿰뚫는 전문가 의원이 있다면 최우선 배정해서 지식과 식견을 공유하고 나라 경제를 위해 더 나은 지원 방안을 모색하는 것이 상식이다. 삼성전자 출신의 반도체 전문가 양 의원은 무소속 신분이지만 지난해 여당 반도체특위 위원장을 맡아 'K칩스법'을 발의한 사람이다. 더 이상의 적격이 없다. (2023.2.15. 조선일보 사설 中)

K-칩스법 시즌2,
한국의희망이 이어간다

Q 얼마 전, 양 대표님은 'K-칩스법 시즌2'를 발의하셨습니다. 한국의희망 정당 차원에서 기자회견도 하셨습니다. 'K-칩스법 시즌1'은 어떤 효과가 있었고, 시즌2는 어떤 내용입니까?

양 반도체와 같은 국가전략산업은 정부가 지원해 줘야 합니다. 그건 기업을 위한 것을 넘어 국가를 위한 일이기 때문입니다. K-칩스법의 주된 내용은 기업이 국가전략산업에 설비투자를 하면 세액공제를 해주는 겁니다. 그마저도 경쟁국에 비하면 많이 부족한 수준이었습니다.

그래도 효과가 있었습니다. 실제 삼성전자가 2023년 초에 용인 반도체 메가 클러스터에 300조 원 투자를 발표했죠. 그를 포함해서 약 610조 원 정도의 투자 발표가 이어지고 있습니다.

대한상공회의소도 이렇게 전망했습니다. 대·중견기업 59%, 중소기업은 38%의 투자가 증가할 것이다. 한국경제연구원도 약 56조7천억 원 이상의 첨단산업 시설투자 확대가 있을 거라고 예상했습니다.

'K-칩스법 시즌2'는 이를 좀 더 확장하는 개념입니다. 일단 2024년이면 국가전략기술 R&D/시설투자 세액공제가 끝납니다. K-칩스법 시즌1으로 첨단산업이 한국을 떠나는 '코리아 엑소더스'는 어느 정도 막아냈지만, 세액공제가 끝나면 또 어떻게 될지 모릅니다. 앞서 언급했던 610조 원 민간 투자도 세제 혜택이 없으면 무효가 될 수 있습니다.

Q 반도체 산업에서는 절실한 법이군요.
—

양 그렇습니다. 중요하고 시급한 법이죠. 그리고 아까 말씀드렸
— 듯이 미국과 중국은 전력·용수·폐수처리 등 반도체 관련 인프라를 100% 정부가 구축해 줍니다. 일본·유럽·인도는 시설투자 금액의 50%까지 정부가 지원합니다. 하지만 한국은 기업이 모두 부담합니다.

현재 정부는 첨단산업 특화단지를 이름만 붙여놓고 지원을 잘하지 않습니다. 제 의원실 보좌관들이 첨단산업 특화단지가 위치한

<표1> 첨단산업 특화단지 총 국비 지원 필요 예산(출처: 해당 7개 지자체, 단위:원)

분야	지역	총 필요 예산	2024년도 필요 예산	인프라 필요 예산	2024년도 인프라 필요예산
반도체	경기 (용인·평택)	8조6,156억	1조1,184억	8조3,986억	1조1,026억
	경북(구미)	3조3,360억	1,189억	3조172억	1,070억
이차전지	충북(청주)	5,347억	804억	570억	203억
	경북(포항)	4,793억	489억	2,198억	304억
	전북(새만금)	2,610억	539억	310억	34억
	울산	8,702억	470억	6,387억	360억
디스플레이	충남 (천안·아산)	2,200억	327억	1,202억	104억
총계		14조3,168억	1조5,002억	12조4,825억	1조3,101억

전국 7개 지자체에 문의해서 필요한 비용과 정부 지원 현황을 조사했어요. 구미시, 경기도(용인시·평택시), 울산광역시, 전라북도(새만금), 청주시, 충청남도(천안·아산), 경상북도(포항시)를 전수조사했습니다. (표1 참조)

자, 우선 2024년에는 필요한 지원액이 총 1조 5,002억입니다. 그러나 첨단산업 특화단지 지원을 위해 정부가 편성한 내년도 예산은 199억 원에 불과합니다. 0.1%도 안 되는 돈입니다. 특화단지에 필요한 총사업비를 계산해 보니까 14조3천8억 원입니다. 그런데 정부 합동으로 발표한 5년 계획 예산이 고작 444억 원입니다. 그래서 제가 기자회견 때 이렇게 얘기했습니다.

"첨단산업은 빠르게 달리기, 육상 경기와 같습니다. 하루라도 빠르게 신기술을 개발하고, 1초라도 빠르게 양산에 돌입하는 기업만이 살아남습니다. 경쟁국의 글로벌 기업들은 국가의 지원에 힘입어 날아다닙니다. 한국 기업은 지금 모래주머니를 차고 뛰는 형국입니다. 한국을 품고 세계를 뛰는 그들에게 더 이상 국가가 걸림돌이 되어서는 안 됩니다. 나라를 구한다는 절박함으로, 첨단산업을 지켜야 합니다."

그날 바로 제가 'K-칩스법 시즌2'를 발의했습니다. 기존 6개 법률을 묶은 패키지 법안인데, 주요 내용은 7가지입니다. 첫째, 첨단산업 특화단지 인프라를 국가가 직접 조성하자. 둘째, 첨단산업 특화단지 조성·운영 지원을 확대하자. 셋째, 첨단산업 특화단지 인프라를 관할하는 지자체에 교부금을 우선 배분하자. 넷째, 첨단산업 특화단지 용적률을 좀 높이자. 다섯째, 국가전략기술 R&D/시설투자 세액공제를 2030년까지 6년 더 연장하자. 여섯째, 영세 소부장 업체를 위해 중고장비 도입도 세제 혜택에 포함하자. 일곱째, 전략기술 보유자의 기밀 보호 조치를 강화하자.

Q 모두 합리적인 내용입니다. 마지막 '전략기술 보유자의 기밀 보호 조치 강화'는 구체적으로 어떤 내용인가요?

양 반도체·배터리 등 국가전략기술의 유출이 심각합니다. 반도체, 디스플레이 등 우리나라 첨단 기술은 이미 오래전부터 산업스

파이의 주요 표적이 돼왔죠. 지난 9월 국정감사에서도 제가 문제를 제기했는데, 미국의 대중국 첨단반도체 기술·장비 수출금지 조치 이후 중국에서 우리 반도체·2차전지 관련 기술을 탈취할 가능성이 크다는 판단입니다.

그런데 현행 사법 시스템으로는 이를 예방하는 데 한계가 있습니다. 미국도 IRA나, 칩스법 등으로 우리 기업의 기밀 정보를 제공하라고 요구하고 있죠. 기술 유출은 기업의 존망을 좌우할 만큼 심각한 범죄입니다. 국가 안보적인 측면에서도 매우 위험합니다.

그런데 조사를 해보니, 지난 2017~2021년 산업기술보호법 위반으로 처리된 1심 유죄판결 중에 74.1%가 최종심에서 무죄·집행유예 같은 가벼운 처벌을 받는 데 그쳤습니다. 기술 가치나 손해액을 돈으로 산정하기가 어렵기 때문이고, 통상적인 민·형사 사건을 담당하는 재판부가 전문성을 요하는 기술 쟁점에 대해 명확한 판단을 내리기도 어렵습니다.

경쟁국의 경우, 일본은 도쿄·오사카 법원이 산업 및 핵심 기술에 관한 사건을 맡고, 대만도 영업비밀과 관련한 민·형사 사건을 지식재산권 및 상업 법원(IPCC)에서 관할합니다. 우리 법원도 지식재산권 전담 재판부를 운영하고 있지만, 2년마다 순환 근무를 하기 때문에 전문성을 갖출 수 없는 환경입니다.

그래서 기술 사건을 전담하는 전문 법원을 설립해야 하고, 전략 기술을 보유한 사람의 기술 유출 방지책을 강화해야 하고, 유출 시

처벌과 해고 등 처벌도 지금보다 더 세게 해야 한다는 내용을 법안에 담은 겁니다. 기술 유출은 기업을 망하게 하는 것을 넘어 진짜 '매국노' 행위입니다. 나라 팔아먹는 짓이죠.

Q 반도체 산업 등 첨단산업이 국가의 존망을 좌우한다고 생각하시는 거로군요.
—

양 매우 당연한 얘기입니다. 만약 반도체 산업이 무너지면 국가 경제가 크게 흔들립니다. 반도체 기술을 '대세기술, 필연산업'이라고 합니다. 경제의 생명줄이라고도 할 수 있습니다.

반도체 산업이 한국 GDP의 약 6%를 차지합니다. 우리가 수출로 먹고사는 나라인데, 반도체가 전체 수출의 20% 차지합니다.

2014년부터 9년 연속 최대 수출산업이 반도체이고, 제조업 투자의 55%를 차지합니다.

만약 반도체 수출이 10% 줄어든다? 그러면, 국내 경제성장률이 0.64% 내려갑니다. 현재 한국은 전 세계 메모리 반도체 시장의 59%를 차지하고 있습니다. D램이 71%, 낸드플래시는 47%입니다. (2022년 기준) 메모리 분야는 글로벌 1위이지만, 또 하나의 큰 축인 비메모리 분야 시장점유율은 3.3%밖에 안 됩니다. 일본, 중국보다도 낮아요. 팹리스는 1% 수준으로 아주 취약합니다.

반도체는 대한민국의 호국신기

Q 네. 경제 측면에서도 중요하지만, 반도체는 안보 측면에서도 매우 중요하다고 말
씀하셨습니다. 그에 관해 좀 더 구체적으로 설명해 주시겠습니까?

양 제가 강연에 가면 '반도체는 호국신기(護國神器)'라고 강조합
니다. 나라를 지키는 신의 무기라는 뜻입니다. 군사적으로 '반도체
방패(semiconductor shield)'라는 말이 있습니다. 반도체 산업이 크
게 발전한 나라는 함부로 침공하지 못한다는 겁니다. 미국과 중국
등 강대국이 워낙 반도체 의존도가 높기 때문입니다.

2022년에 러시아가 우크라이나를 전면 침공했습니다. 세계인이
놀랐습니다. 21세기에 이런 전쟁이 있을 거라고 상상할 수 없었으
니까요. 그러나 언제든, 어떤 나라든 다른 나라에 침략당할 수 있

습니다. 식민주의와 팽창주의는 인류의 본성과도 같습니다. 제2차 세계대전 이후 미국, 소련, 영국 여기에 중국을 더한 4대국은 탈식 민주의와 탈팽창주의에 동의하고, 직접적 충돌은 하지 않겠다고 공언했습니다. 이것이 현재 국제질서의 핵심이었습니다.

그런데 러시아(소련)가 이를 보란 듯이 이를 어겼습니다. 중국도 그동안 벼르던 무력침공을 벌일 가능성이 있습니다. "오늘의 우크 라이나가 내일의 대만이다."라는 말도 나오잖아요.

참고로, 지정학(地政學)적으로 가장 중요한 두 가지 요소를 자원 (resource)과 길(route)이라고 꼽는 사람들이 많습니다. 이 두 가지 가 국가 존립의 큰 축을 담당해왔고, 침략 전쟁의 가장 큰 원인이 기도 했습니다. 우크라이나 전쟁도 러시아의 염원인 부동항(不凍 港)을 향한 길을 빼앗기지 않으려는 목적으로 벌였다고 보는 견해 가 있습니다. 우크라이나가 NATO(북대서양 조약기구)에 가입하는 것은 러시아의 고립을 의미하고, 부동항으로 가는 길을 막는 일이 될 테니까요.

자, 전쟁이 일어나자마자 미국 바이든 대통령이 강력한 비난과 함께 러시아 제재방안을 발표했는데, 그 핵심이 반도체 등 첨단 제 품에 대한 러시아 수출 통제였습니다. 2020년 전 세계적으로 발생 한 차량용 반도체 품귀 사태에서 보듯, 반도체와 같은 첨단 '자원' 과 공급망인 '길'이 막히면 경제적으로 큰 피해를 보거나 산업이 마비될 수도 있습니다.

물론 러시아도 반격했죠. 한국을 포함해 미국 제재에 동참한 나라에 반도체 재수출을 금지했고, 반도체 소재도 수출을 제한했습니다. 러시아는 세계 최대 천연가스 수출국이자 3위의 원유 생산국입니다. 수출하지 않으면 휘청거릴 나라가 많습니다. 함부로 미국과 손잡기 어렵게 만들었습니다.

역사적으로 보면, 자위력이 없는 나라가 동맹까지 없을 때 외세에 의한 침략은 시간문제였습니다. 우크라이나가 NATO 가입을 통해 상호 방위조약을 맺고 싶었던 까닭이고, 러시아가 우크라이나가 NATO에 가입하기 전에 전쟁을 벌인 이유이기도 합니다. 한 국가의 군사동맹 체결은 그 자체로 상대국을 위협하는 행위일 수 있습니다.

그런 측면에서 이 시대 자주국방을 위해 무엇보다 중요한 것이 '기술동맹'입니다. 기술동맹은 다른 나라가 막을 수도, 간섭할 수도 없습니다. 다른 나라가 대체할 수 없는 기술, 즉 기술패권을 가지고 있느냐 없느냐가 국가 안보의 핵심이 된 겁니다. 우리나라의 패권 기술이 뭡니까? 반도체입니다.

Q 한국도 반도체 기술동맹을 맺고 있겠군요. 미국이 최우선 동맹국일 테고요.

양 그렇죠. 그래서 지금 한국이 우크라이나보다 안전한 겁니다. 만약 우크라이나가 한국처럼 글로벌 반도체 기업을 보유한 국가였다면 어땠을까요? 러시아가 우크라이나를 침공했을 때 서방이나 미국이 어떻게 반응했을까요? 아마도 경제 제재에 그치지 않고 군사적으로 대응했을 가능성이 큽니다. 아니, 대치 국면 초기부터 적극적으로 대응해서 위기가 생기지 않도록 막았을 겁니다.

그런 점에서 제가 앞서 언급한 중국의 대만 침공은 그 가능성이 희박합니다. 대만의 TSMC는 세계 1위의 반도체 파운드리 기업이고, 매출의 60% 이상이 미국 수출에서 나옵니다. "만약 미국과 TSMC의 연결이 끊기면, 미국 국방과 전자산업이 최소 5년 후퇴할 것이다."라는 말도 있습니다. 바이든 대통령은 "대만이 공격당하면 미국이 개입한다."라고 천명하기도 했습니다.

이건 한국도 마찬가지입니다. 2021년에 바이든은 "만일 대만과 한국이 공격당하면 미국이 막는다."라고 했습니다. 대만과 마찬가지로 한국도 미국과 반도체 기술동맹으로 묶여 있기 때문입니다. 이게 '반도체 방패'입니다.

한국은 메모리 반도체를 미국에 가장 많이 수출하는 나라죠. 전 세계 메모리 반도체 시장의 70%를 차지하는 세계 1위 국가입니다. 이러한 한국의 '기술주권' 때문에 미국과 기술동맹 관계에 있고, 그래서 한·미는 산업공동체라고 할 수 있습니다. 이러한 경제동맹 덕에 두 나라가 '안보공동체', 나아가 '운명공동체' 관계에 있다고 해도 과언이 아닙니다.

이는 반대로 한국이 반도체 패권을 다른 나라에 빼앗기는 순간,

산업적·경제적 위기뿐만 아니라 안보적 위기까지 올 수 있다는 뜻이기도 합니다. 패권기술을 빼앗기면 안 되는 이유입니다.

> 기술공동체 → 산업공동체 → 경제공동체 → 안보공동체 → 운명공동체

전통적으로 보면, 국제관계는 '무력'이라는 하드파워에 의해 움직였습니다. 제국주의 시대에는 하드파워를 가진 나라가 무력으로 식민지를 만들고 자원을 약탈했습니다. 이후에는 '이념'이라는 소프트파워가 국제정치를 좌우했습니다. 냉전 시대에 미국은 자본주의, 소련은 공산주의라는 이념으로 각자의 세력을 확장했죠.

지금은 '경제'가 국제관계를 좌우합니다. 경제적 이익 때문에 다른 나라에 종속되기도 하고, 다른 나라를 지배하기도 합니다. 미국이 중국의 부상을 두려워하는 것도 경제 때문입니다. 특히 중국은 성장 잠재력이 커서 "미국은 현재의 중국이 아닌 미래의 중국과 싸우고 있다."라는 말도 있습니다.

저는 그 핵심이 '기술'이라고 생각합니다. 미래 경제를 결정하는 핵심이 '기술'에 있기 때문입니다. 미국이 중국의 첨단기술을 끊임없이 견제하고, 2019년 화웨이 사태처럼 심지어 중국을 공격하는 이유가 여기에 있는 겁니다. 화웨이 사태가 뭡니까? 한국이나 다른 나라에 "이제부터 화웨이에 반도체 팔지 마." 이겁니다.

그래서 반도체 자급률을 높여야 합니다. 당장 군사 분야의 반도

체 자급률을 올려야 합니다. 러시아-우크라이나 전쟁 때 "반도체가 없어서 탱크들이 거리에 멈춰 서 있다"라는 뉴스도 나오잖아요. 미사일 하나에 반도체가 200개, 헬기에는 2,000개가 들어갑니다. 제가 얼마 전 언론에 기고문을 썼는데, 우리 방산업체의 반도체 자급률이 너무 낮아서 이대로는 위험하다는 내용이었습니다.

'K-방산'에 'K-반도체'의 날개를 달자!

K-방위산업 전성시대입니다. 2022년 방산수출 170억 달러의 역대 최대 실적을 달성한 데 이어, 올해는 200억 달러 수출 달성도 가능하다는 전망입니다. 현재 글로벌 시장 점유율 8위권에서 2027년까지 세계 4대 방산 수출국으로 도약하겠다는 목표도 불가능하지 않아 보입니다.

무기체계가 고성능 ICT 기술과 결합해 첨단화·고도화되면서 반도체의 중요성이 점점 커지고 있습니다. 미사일 한 대에 200개 이상의 반도체가, 헬리콥터 한 대에는 2,000개 이상의 반도체가 탑재됩니다. 웬만한 전자기기 이상입니다. 최근에는 AI 반도체와 센서, 통신 반도체 등이 무기체계의 진화를 이끌고 있습니다. 반도체 기술에 힘입어 무인 전차나 헬기 등도 속속 등장하고 있습니다.

우리나라는 반도체 강국이지만, 국방용 반도체 자급률은 5%에도 미치지 못합니다. 폭발물 탐지 및 제거 로봇용 반도체의 98%가, 수중 자율 기뢰 탐색체용 반도체의 95%가 수입에 의존합니다. 심지어는 초음속 전투기 KF-21에 탑재하는 레이더용 반도체도 우리가 독자 개발했지만, 생산은 대만에 위탁하고 있습니다. 국방 반도체 설계도를 해외 파운드리 업체에 맡겨 뒀으니, 기술 유출 가능성이 없지 않습니다. 방위산업의 외형은 커지고 있는데, 속을 들여다보면 위태한 성장입니다.

더 큰 문제는 국방용 반도체를 앞으로도 계속 안정적으로 해외로부터 공급받을 수 있다는 보장이 없다는 것입니다. 2021~2022년 차량용 반도체 수급난이 우리 방위산업에도 언제든지 닥칠 수 있습니다. 우리의 국방용 반도체 공급 비중이 가장 높은 기업은 대만의 TSMC, K-방산의 명운을 양안 관계에 맡겨둔 형국입니다.

안정적인 국방용 반도체 공급망 구축을 시작해야 합니다. 국방 반도체는 다품종 소량생산이기 때문에 경제성이 낮습니다. 또, 무기의 특성상 극한의 환경에서도 안정적으로 작동하는 것이 매우 중요하므로 현재의 상업용 제품을 그대로 적용하기가 어렵고, 신뢰성과 견고성, 보안 등 엄격한 군사 사양을 만족하기까지 추가적인 기술개발도 필요합니다.

먼저 이미 사용 중이거나 개발 완료된 국방 반도체는 해외 위탁생산 대신 국내 생산으로 전환하는 것이 국산화의 최우선 과제입니다. 원활한 국방 반도체 육성을 위해서는 제도 개선도 마련되어야 합니다. '반도체특별법'만으로는 당장 경제성이 낮은 국방 반도체에 투자할 유인이 되지 못합니다.

반도체는 산업·경제적 관점에서 중요 먹거리일 뿐 아니라 국방·안보 관점에서도 핵심 전략자산입니다. 반드시 앞으로는 그 중요성이 더 커질 것입니다. 설계 능력을 가진 것만으로는 안 됩니다. 핵심적인 첨단 반도체에 대해서는 국내에 안정적인 공급망을 확보해 둬야 합니다. K-방산에 K-반도체의 날개를 답시다. 한국의희망이 앞장서겠습니다.

2023년 11월 25일

반도체 산업 중심의
K-네옴시티 그랜드비전

Q 반도체 산업의 갈 길이 아주 멀군요. 앞으로도 할 일이 많겠습니다. 반도체 산업
을 더 키워야 한국 경제가 세계에서 밀리지 않고 생존할 수 있겠다는 생각이 듭니다.

양 경제도 선택과 집중이 중요합니다. 지금 한국 경제에 대입한
다면, 반도체 산업에 대한 선택과 집중이 필요하다고 생각합니다.
그래서 한국의희망이 1번 공약으로 내놓은 게 반도체 산업이 중심
이 된 'K-네옴시티 프로젝트'입니다.

'네옴시티'란 말을 들어보셨을 텐데, 사우디의 빈살만 왕세자가
내놓은 600조 원짜리 프로젝트입니다. 전 세계 사람들을 흥분시
켰죠. 기업들이 특히 열광했습니다. 우리나라 대기업도 여러 군데
참여하기로 협약을 맺었습니다. '네옴(NEOM)'은 새로운 미래라는

뜻입니다. 대한민국은 왜 '네옴시티'를 못하냐는 겁니다. 우리도 할 수 있습니다.

'K-네옴시티 프로젝트'는 한국의희망이 내놓은 미래 그랜드비전이자, 국민적 관심이 높은 국토균형발전 전략 차원에서도 아주 유효하다고 생각합니다.

주요 내용은 이렇습니다. 3단계의 선택과 집중 전략인데요. 1단계는 전국 5대 초광역권에 반도체 산업을 중심에 둔 '초광역권 첨단 전략 산업 집중', 2단계는 5대 광역시에 존재하는 도심융합특구를 키우는 '광역권 도심 융합 특구 집중', 3단계는 위 두 단계에 포함되지 않는 인접 거점도시에 초밀도 혁신 공간을 조성하는 '거점도시 초밀도 혁신 공간 집중' 전략입니다.

1단계 '초광역권 첨단 전략 산업 집중'을 좀 더 설명해 드리면, 일단 전국을 5대 범 광역권으로 나눕니다. 수도권, 호남, 영남, 충청, 강원이죠. 이 5개 권역에 반도체 산업과 병행해서 첨단 전략 산업을 키우는 겁니다.

수도권에는 반도체와 바이오, 충청권은 반도체와 이차전지, 강원권은 반도체, 호남권은 반도체와 바이오, 영남권은 반도체와 2차전지가 핵심 후보 산업이 되는 겁니다. 현재 각 지자체가 추진하는 다양한 전략산업도 병행할 수 있습니다.

Q 반도체 산업을 중심으로 대한민국의 산업지형을 바꾸겠다는 거군요. 다른 나라

지방 시대 열어갈 <K-네옴시티> 프로젝트

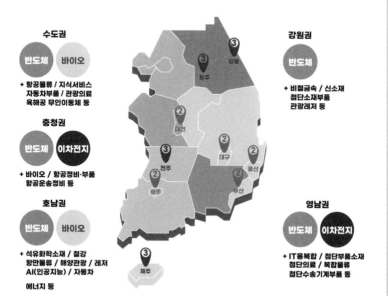

3단계 '선택과 집중' 전략

1단계
범광역권 첨단 전략 산업 집중

2단계
광역권 도심 융합 특구 집중

3단계
거점도시 초밀도 혁신 공간 집중

수도권
반도체 바이오
+ 항공물류 / 지식서비스
자동차부품 / 관광의료
육해공 무인이동체 등

충청권
반도체 이차전지
+ 바이오 / 항공정비·부품
항공운송정비 등

호남권
반도체 바이오
+ 석유화학소재 / 철강
항만물류 / 해양관광 / 레저
AI(인공지능) / 자동차
에너지 등

강원권
반도체
+ 비철금속 / 신소재
첨단소재부품
관광레저 등

영남권
반도체 이차전지
+ IT융복합 / 첨단부품소재
첨단의료 / 복합물류
첨단수송기계부품 등

③ 강릉
③ 원주
② 대전
③ 전주
광주
② 대구
② 울산
② 부산
③ 제주

에 비해 반도체 산업 인프라가 충분하니까, 현실성 높은 전략이 될 수 있을 것 같습니다. 잘하는 부분을 더 잘하자는 거로군요.

양 그렇죠. 글로벌 경쟁력을 갖춘 한국의 반도체를 중심에 놓고, 바이오, 2차전지 등 미래산업을 함께 키워가자는 겁니다. 그렇게 해서 삼성전자처럼 기업가치 100조 원이 넘는 기업을 2050년까지 10개 만들어 보자는 겁니다. 글로벌 톱 기업 10개를 가진 나라, 얼마나 가슴 설레는 비전입니까?

제가 이 비전을 2023년 2월에 한덕수 국무총리에게 말씀을 드렸습니다. 그러고 나서 3월에 정부가 대대적으로 '국가 첨단산업 벨트 조성계획'을 발표하죠.

내용은 이렇습니다. 15개의 첨단산업 클러스터를 만드는 겁니다. 우선 수도권은 '용인 반도체 메가 클러스터'를 조성해 반도체 산업을 중점 육성합니다. 첨단반도체 제조공장 5개와 최대 150개 국내외 소재·부품·장비 및 연구기관을 유치합니다.

충청권은 첨단 모빌리티 산업, 호남권은 미래차와 우주산업, 경남권은 방위·원자력 산업, 경북권은 미래차·로봇, 바이오산업, 강원권은 제약·화장품 산업을 키우는 겁니다. 저는 이 계획이 제가 그렸던 반도체 산업을 중심으로 한 첨단산업 국가의 과도기라고 평가합니다. 국가가 목표를 분명히 하고 각종 투자와 혜택을 주면, 각 권역별로 반도체 산업이 유치될 수 있습니다.

정부 발표에는 6대 목표가 담겼는데, △초격차 기술력 확보 △혁신인재 양성 △지역 특화형 클러스터 △튼튼한 생태계 구축 △투자특국(投資特國) △통상역량 강화입니다. 제가 평소에 주장했던 바고, 많은 산업전문가와 과학기술인들이 요구했던 바이기도 합니다.

Q
—
네, 이렇게만 된다면 모두가 바라는 국토균형 발전이 이뤄질 수 있겠습니다. 국토균형발전의 큰 축은 산업이고, 결국 기업을 유치하고 키우는 일일 테니까요. 그동안 정부나 정치권이 이런 담대한 구상을 하지 못한 이유가 뭘까요?

양 선택과 집중을 못 한 거죠. 전국 선거를 치러야 하고, 그러려면 전 지역의 표를 얻어야 하니까요. 지금까지 정치권에서 내놓은 국토균형발전 전략은 한 마디로, 어느 지역도 서운하지 않은 '자원의 기계적 분배'였습니다. 저는 이것이 골고루 모든 지방을 뒤처지게 하는 '하향 평준화 전략'이었다고 생각합니다. 그 결과 비수도권 지역에서 수도권으로 인재와 자원이 집중하는 '수도권 블랙홀' 현상이 발생했습니다.

그리고 정치권이 내놓은 국토균형발전전략 아이디어도 정교하지 못했다고 생각해요. 2019년부터 민주당이 추진한 '부·울·경 메가시티'를 예로 들면, 민주당 출신 김경수 경남도지사가 양보해서 그나마 추진될 수 있었던 것이지, 각 지자체가 다들 자기 지역을 그 중심에 놓으려고 하니 제대로 진행이 안 되는 겁니다.

결국, 2022년 지방선거에서 지방 정부의 권력을 장악한 국민의 힘이 이 비전도 거의 폐기를 했죠. 소지역주의 갈등도 있고, 또 각 지자체장이 다 자기 지역을 앞세우려는 백가쟁명(百家爭鳴)을 극복하지 못했죠. 박정희 독재 시대에나 가능한 얘기일 수도 있습니다. 강력한 리더십이나 통합형 거버넌스 없이는 애초에 불가능한 일입니다. 지난 대선에서 민주당의 '5극 3특 초광역 메가시티'도 마찬가지라고 생각합니다.

Q 지난 10월 국민의힘에서 내놓은 '메가시티 서울' 비전은 아예 수도권 집중 전략 인데요. 물론 여론의 반발 때문에 전국 단위의 '뉴시티 프로젝트'로 이름을 바꾸기는 했 지만 말입니다.

양 국민의힘이 발표한 '뉴시티 프로젝트'는 '부·울·경 메가시티' 보다 더 타당성·구체성·실현성 떨어집니다. 그 중심에 있는 '메가시티 서울'은 '수도권 과밀화 억제'라는 시대 흐름에 명백히 역행 합니다. 윤석열 대통령이 공약한 '지방시대' 공약과도 상충하는 '변종'입니다. 그래서 제가 급조된 '쪽대본 공약'이다, 총선을 앞둔 '창고 대방출 공약'이다, 기자회견까지 열어서 강하게 비판한 겁니다.

실제로 정부는 국민의힘과 다른 소리를 했습니다. 국민의힘이 '메가시티 서울'을 발표하고 며칠 후에 대통령 직속 '지방시대위원회'가 '제1차 지방시대 종합계획(2023-2027)'을 확정해 발표했어요. 대선 공약인 '지방시대'를 실현할 구체적 대안이었는데, 4+3 초광역권 발전계획이 그 핵심입니다. '메가시티 서울'과 정면 배치 되는 계획 아닙니까?

그리고 이와 맞물려 국민의힘과 민주당이 '전국 행정구역 개편' 을 얘기했습니다. 아주 경쟁적으로 공약을 내놓았는데, 사실 이게 너무 졸속입니다. 스웨덴은 행정구역 개편에 100년이 걸렸습니다. 우리 정치권은 100년 걸릴 일을 몇 달 만에 끝내려 하는 겁니다. 선거를 위한 것일 뿐, 국민을 위하고 미래를 생각한다면 있을 수 없는 일입니다. 이런 식으로 급조된 정책을 추진하니까 여기저기 국민 반발도 크고요.

과학기술, 패스트 팔로워에서
퍼스트 무버로!

Q 국민 반발이 큰 정책이 하나 더 있죠. 지난여름, 정부의 R&D 예산축소 정책 때문
에 과학기술계 반발이 컸습니다. 과학기술계를 대변하는 국회의원으로서 어떻게 보십
니까? 관련해서 기자회견을 하시는 모습도 봤습니다.

양 한심하다고 봅니다. 국가 R&D 예산을 깎은 것은 세계적, 시대
적, 역사적 퇴행입니다. 그 어려웠던 IMF 시절, 정부가 여기저기 재
정 긴축을 하면서도 R&D 예산만은 늘렸습니다. 그런데 현 정부는
늘려도 부족한 과학기술 R&D 예산을 10% 이상 삭감해 버렸습니다.
얼마 전 TV를 봤어요. 세계적으로 저명한 한국의 한 과학자가
출연해 이런 얘기를 하더군요. 자기는 과학자로서 20년을 연구했
다, 그런데 돌아보면 연구를 수행한 시간은 20년의 10분의 1도 안

되는 거 같다, 대부분 시간은 연구비를 구하는 데 썼다, 이렇게요.

현재 대한민국 연구자들은 먼저 수행했던 연구 과제의 성취도를 기반으로 다음 연구 과제를 따내야만 연구비와 인건비를 충당할 수 있습니다. 연구자들 대다수는 스스로 '앵벌이 신세'라고 한탄합니다. 이런 상황에서 과학기술인들이 어떻게 연구비를 방만하게 쓰고, 유용할 수 있겠습니까? 그렇지 않습니다.

지난 10월 국감에서 추경호 경제부총리가 또 "R&D 예산은 구조조정이 필요하다."라고 했습니다. 윤석열 대통령의 'R&D 카르텔'의 연장선에 있는 말입니다. 또 한 번 과학기술계를 세금을 낭비하는 집단으로 매도한 겁니다. 그 발언에 수많은 과학자와 기술인들이 기가 막혔을 겁니다. 지금 이 순간에도 연구실과 실험실에서 묵묵히 자기 일에 전념하는 대다수 과학기술인에게 큰 좌절감과 슬픔을 안겨줬다고 생각합니다. 우리 아이들에게 커서 과학기술인 될 생각하지 마라, 하는 소리죠.

Q 앞서 "한국의희망은 과학기술 정당이다"라고 말씀하셨는데, 이 같은 정부의 기조를 깨고 과학기술 선도국으로 만들기 위한 비전이 있을 것 같습니다.

양 이와 관련해 한국의희망의 비전이 있습니다. "대한민국을 과학기술 패스트 팔로워에서 퍼스트 무버로 만들겠다!"입니다.

그동안 대한민국은 과학기술 분야의 패스트 팔로워(fastfollower)였습니다. 선진국을 빨리 추격하는 나라였죠. 그나마 그것을 가능케 했던 것이 과학기술 R&D 예산 투자였습니다. 투자 금액이 2021년 272억 달러였는데, 선진국에 비하면 턱없이 부족합니다. 미국이 1,602억 달러, 중국 1,265억 달러, 독일이 460억 달러였습니다. 우리가 퍼스트 무버(first-mover)로 가려면 이 투자부터 늘려야 합니다.

한국의희망은 R&D 투자 예산을 크게 늘릴 생각입니다. 2021년 기준 GDP 대비 4.9%였던 것을 6%까지 확대할 계획입니다. 금액으로는 약 330억 달러로 크지 않지만, GDP 대비 미국(3.5%), 일본(3.3%), 독일(3.1%)의 투자율보다 약 2배 높습니다. 퍼스트 무버로 도약할 모멘텀이 될 거라고 생각합니다.

그다음에 R&D의 비효율을 없애야 합니다. 무엇보다 '도전 과제'에 집중적으로 투자해야 합니다. 지금 대한민국 R&D 운영의 가장 큰 문제가 뭐냐, 안전하고 성공 확률이 높은 과제의 비중이 너무 크다는 점입니다. 사실 연구는 거의 100% 성공하는데, 상용화되는 과제는 거의 없습니다. 과제에 실패하면 무능력한 연구자가 되거나 새로운 과제를 받기 어려워지기 때문에, 이미 검증된 기술이나 제품을 개발하는 경우가 다반사입니다. 그런 나눠먹기식 과제, 중복 과제 등 비효율부터 없애고 여기서 나오는 재원을 '도전 과제'에 집중하자는 말입니다.

수많은 실패에서 성공이 탄생하는 거 아니겠습니까? 퍼스트 무버는 실패를 용인하는 문화와 정책에서 나오는 거라고 봐요. 실패해도 좋다, 이런 '도전 과제'에 대한 투자를 전체 R&D 예산의 50% 수준으로 확대해야 합니다.

또 R&D 체계의 예측 가능성과 효율성을 높여야 합니다. 국가 R&D의 근간은 10년 대계, 50년 대계여야 합니다. 정부가 교체되어도 흔들림 없이 지속 유지될 수 있어야 합니다. 그러려면 일단, 국가 R&D 체계부터 재정비해야 합니다. 정부 연구기관과 산·학 간 소모적인 연구 과제 수주 경쟁을 교통정리 하는 일이 필요합니다. 지금은 특정 주제에 연구가 너무 몰려있어요. R&D 조직의 거버넌스를 강화해 분권화와 전문화를 이뤄내야 합니다.

기초과학 양성에도 주력해야 합니다. 정부 R&D 예산 중 기초연구비 비중을 50%로 확대하고, 대학의 기초과학 연구개발비도 OECD 평균 수준으로 높이려고 합니다. 기초과학 연구비의 지원 방식 또한 '경쟁적' 방식과 '기반적' 방식으로 다양화해서 연구자의 도전 의식을 키워줄 계획입니다.

Q 과학기술계는 "정부나 정치권이 지원을 해주는 것은 좋은데, 너무 간섭이 많다." 이런 불만이 있는 것으로 압니다.

양 연구 자율성 보장, 아주 중요한 문제입니다. 정부와 정치권이 연구개발을 지원할 때 원칙이 있습니다. '지원은 하되 간섭은 하지 않는다.'는 것입니다. 이와 비슷한 영국의 홀데인 원칙(Haldane principle), 독일의 하르나크 원칙(Harnack principle)은 둘 다 연구의 자율성을 강조하는 개념입니다.

그런데 대한민국 현장에서는 이 원칙이 무시됩니다. 연구 성과의 평가를 전문가가 아닌 비전문가나 외부인에게 맡기는 경우도 많습니다. 이런 폐단을 없애기 위해 한국의희망은 과학기술 정책의 최우선 가치를 연구의 자율성에 두고, 국가 미래 전략기술 선정 등 과학기술 정책 결정 프로세스에서 과학기술 전문가의 상시적 참여를 제도화하려고 합니다. 전문가에게 연구의 기획·수행·평가까지 맡겨 자율성을 보장하는 겁니다.

또 한 가지 중요한 것이, 우리나라에 1996년부터 정착된 연구과제중심제도(project-based system)를 바꾸는 것입니다. 선의의 경쟁을 유도하고 예산의 방만한 집행을 막기 위한 장치였는데, 이게 단기간 성과, 가시적 결과에 치중하는 부작용을 낳았어요. 연구자들이 장기적이고 도전적인 연구를 피하게 만들었습니다.

그래서 이걸 임무 추동형으로 바꾸겠습니다. '임무 추동형(Mission-driven)'이라는 개념은, 연구자에게 누군가 어떤 분야를 연구해라, 이렇게 세부적으로 지시하는 게 아니라 어떤 '미션'을 주고 이를 수행하게 하는 겁니다. 특히 장기적 연구는 임무 중심으로 바꿔야 합니다. 대규모 국가 R&D 프로젝트의 출범 단계부터 임무 추동형 전략으로 접근해야 합니다.

Q 임무 추동형 전략, 구체적인 예가 있습니까?
—

양 대표적 사례가 1962년 미국의 달 탐사 프로젝트 '문샷(Moon shot)'입니다. 연구과제중심제도였다면, 누가 그런 담대하고 무모하기까지 한 프로젝트에 투자하고 지원하겠습니까? 임무 추동형은 연구 과제를 주는 게 아니라 '달로 가자' 이렇게 미션을 주는 겁니다.

최근 바이든 대통령이 수소경제를 위한 도전을 시작했어요. 수소샷(Hydrogen shot)이라고 불리는 임무입니다. 에너지 위기를 극복하자! 이런 맥락의 임무인 거죠. 한국도 이런 미션이 필요합니다. 예컨대 기후 위기의 시대, 탈 탄소의 절박성, 이런 상황을 고려할 때 우리도 '수소샷' 프로젝트와 같은 대규모 임무 중심 과제를 만들어 국력을 집중해 보는 겁니다.

과학기술부총리,
첨단산업 정책의 거버넌스

Q 그런 미션을 수행하려면 카리스마 있는 리더십이 있어야겠습니다. 정부의 관련 부처를 장악할 수 있는 리더 말이죠. 예컨대 대통령이 연두 연설에서 '우리도 달로 가자!' 이렇게 선언하고, 국무위원들을 다 모아놓고 과학기술부장관을 그 미션의 리더로 추대한다든가.

양 맞습니다. 과학기술 정책의 거버넌스 구축! 그 대안이 바로 제가 21대 국회가 시작하자마자 강조하고 있는 '과학기술 부총리제도'입니다. 조금 전에 말씀하신 예를 봐도, 과기부 장관에게 총책임을 맡겨봐야 어떻게 각 부처를 조율할 수 있겠어요? 그건 전시에나, 절체절명의 위기에서나 가능할 겁니다. 영화에나 나오는 얘기죠.

과학기술부총리가 만들어지면, 흩어져 있는 정부 부처와 집행기관 사이 과학기술 정책을 조율하는 상위 의결 기구가 되는 겁니다. 가장 중요한 예산도 미션에 집중할 수 있고요. 과학기술부총리가 이런 리더십을 발휘하면, 대규모 임무 추동형 과제를 선정하고 추진할 수 있습니다.

사실 과학기술부총리는 노무현 정부 때 있었습니다. 노 전 대통령은 과학기술에 관심이 많았던 분입니다. 저는 역대 대통령 중에 과학기술에 가장 관심이 많았던 분이 노무현 전 대통령이라고 생각합니다.

노 전 대통령은 과학기술부총리에게 막강한 권한을 부여했습니다. 과학기술 정책을 총괄·기획·조정·평가하고 연간 6조 원이 넘는 국가 R&D 예산을 조정하고 19개 부처(청)에 배분하는 권한입니다. 그리고 과학기술 관계부처 장관회의를 신설하고 산업자원부와 정보통신부 등 관계부처의 과학기술 정책업무의 중복을 조정하고 사후 평가하는 등 상급 감독기관으로서 역할을 수행토록 했습니다.

과학기술부총리를 과학기술 정책의 최고의결기관인 국가과학기술위원회(위원장 대통령)의 부위원장으로 앉혔고 전 세계적으로 전례를 찾아보기 힘든 조직이라고 평가받는 '과학기술혁신본부(본부장 차관급)'도 신설했습니다. 부총리를 실무적으로 뒷받침하면서 차세대 성장동력산업에 대한 총괄 업무 맡겼습니다.

그런데 이게 취임 초기에는 잘 안되었어요. 취임 첫해 과학기술부 장관을 임명하면서도 부총리로 승격하겠다고 했지만, 실제 시행된 것은 1년 후인 2014년이었습니다.

Q 각 부처 공무원의 저항 때문이었겠군요.
—

양 네. 저항이 심했다고 합니다. 당시 그 실무를 이끌었던 김태유 교수님(서울대 명예교수)이 저랑 친한데, 그분은 노무현 대통령 초대 정보과학기술 보좌관을 지낸 분입니다. 그때의 어려움에 대해서 제게 얘기를 전해주셨습니다.

김 교수님은 과학기술부 장관을 부총리로 승격시켜서 기존의 기재부 장관(경제부총리)와 함께 급한 일과 중요한 일을 나누어 담당케 하는 투톱 체제를 추진하려고 하셨답니다. 이게 수석보좌관회의나 각료회의에서 반대가 있었는데, 노무현 대통령이 교수님의 제안을 받아들여 과학기술부총리 제도를 신설합니다.

그런데 문제는 예산이었습니다. 디지털, 바이오, 나노 등등 4차 산업혁명에 대한 배경지식이 부족한 예산실 사무관들이 난도질하듯 쪼개서 예산을 배분했다고 합니다. 그러면 첨단산업을 위한 과학기술 육성에 집중할 수가 없잖아요.

그래서 과학기술부 산하에 기술혁신본부를 설치하고 과학기술과 연구개발에 관련된 예산을 통째로 이관시켰다고 합니다. 그러

자 기획재정부에서 거세게 반발했고, 결국 이런 문제 등이 섞여서 과학기술부총리 제도는 이명박 정부 때 폐지되었습니다.

Q 문제는 예산, 그러니까 늘 돈이 문제네요.

양 맞습니다. 예산 집행을 누가 결정하느냐, 이게 거버넌스의 핵심 역할입니다. 현재는 경제부총리(기획재정부 장관)가 제가 언급한 과학기술부총리의 역할을 하고 있습니다.

정부조직법에 따르면 기재부 장관이 "중장기 국가발전전략 수립, 경제·재정정책의 수립·총괄·조정, 예산·기금의 편성·집행·성과관리, 화폐·외환·국고·정부회계·내국세제·관세·국제금융,

공공기관 관리, 경제협력·국유재산·민간투자 및 국가채무에 관한 사무를 관장한다."고 되어 있습니다.

그런데 생각해 봅시다. 기재부 장관이 미래 산업 전반을 책임지는 것은 좀 어색하고 비효율적인 일 아닐까요? 기재부 장관은 나라의 곳간을 지키는 분입니다. 미시·거시적 차원의 경제 지표들을 관리하고, 통화·재정 정책을 총괄하는 것이 최우선 역할인 사람입니다. 기업으로 따지면, 최고 재무 담당 책임자인 CFO(Chief Financial Officer)에 해당합니다.

기업의 CFO는 집행과 운영보다는 지원과 감시의 역할을 합니다. 재정의 지원자면서 동시에 방만 경영을 방지해야 하는 레드팀의 역할도 겸해야 하죠. 이런 기재부 장관, 즉 재정의 지원과 감시에 특화된 각료에게 미래 산업 전략의 운영과 집행까지 맡기는 것은 비효율적이죠.

나라의 돈을 아끼는 게 사명인 사람에게 맘껏 투자해 봐라, 그러면 잘할 수 있겠습니까? 손이 떨려서 못 할 겁니다.

K-첨단벨트 군단, 총선에 대거 출마

Q 첨단산업과 과학기술에 대한, 양향자 대표님과 한국의희망의 담대한 철학과 비전이 이뤄질 수 있다면 좋겠습니다. 그러려면 정치 세력화에 성공하셔야 할 텐데, 당장 2024년 총선에는 어떻게 임할 계획입니까?

양 'K-칩스법 시즌2'가 국회에서 어떤 취급을 받는지 한번 지켜보세요. 국회 다수당인 민주당은 이 핑계, 저 핑계로 미루고 국민의힘은 정치적으로 또 이를 활용할 게 뻔합니다.

첨단산업과 과학기술은 정쟁의 수단으로 쓰면 안 됩니다. 그래서 한국의희망과 같은 정당이 국회로 들어가서 양당 국회의원 중 그래도 합리적인 분들을 설득해서 각종 입법을 통과시키고 예산도 반영해야 합니다.

다음 총선은 한국의희망에 세 가지 의미가 있다고 생각합니다. 첫째는 앞서 말씀드린 대로 양당 기득권의 진영 정치를 끝내는 것이고, 둘째는 첨단산업과 과학기술 발전에 국회의 힘을 집중시키는 것이고, 셋째는 이런 정치혁신, 경제발전 시스템을 갖추고 모든 국민과 손을 맞잡고 새로운 시대로 건너가는 것입니다.

총선 승리를 위한 핵심 전략은, 이른바 'K-첨단벨트 군단'입니다. 용인의 K-반도체 벨트를 비롯해 현재 정부가 지정한 15개 국가첨단산업단지 지역에 집중적으로 후보를 내서 해당 지역구민의 선택을 받는 겁니다. 정부는 이 지역들을 묶어서 '국가첨단산업벨트'라고 부릅니다. 이제부터 국가첨단산업벨트를 'K-첨단벨트'라고 부르겠습니다.(표2 참조)

선거구로 따지면, 약 50개 지역구가 될 텐데, 여기에 한국의희망 후보가 대거 출마하는 것입니다. 이 'K-첨단벨트 군단'을 꾸려서 총선에서 승리하고, 대한민국 산업과 미래를 지키겠다는 포부입니다.

'K-첨단벨트 군단'은 각 지역의 미래를 책임질 첨단산업을 성공으로 이끌 겁니다. 싸우는 정치, 소모적 정치, 진영 정치, 이념 정치, 구태 정치, 편 가르기 정치, 비효율 정치, 악마화 정치 등 국민이 끔찍하게 싫어하는 정치는 안 하겠다는 겁니다.

각 지역구민을 비롯한 국민의 염원을 안고 국회로 들어가, 첨단산업을 위한 다양한 입법과 예산지원에 전념하겠습니다. 진정한 생활 정치, 과학 정치, 대안 정치, 미래 정치가 시작되는 겁니다.

<표2> 'K-첨단벨트 군단' 출마 후보지

경기	시스템반도체 (용인)	전북	수소특화 (완주)
대전	나노·반도체	경남	방위·원자력 융합 (창원)
충청	미래모빌리티 (천안)	대구	미래 스마트기술
	철도클러스터 (오송)	경북	바이오생명 (안동)
	내포신도시 미래신산업 (홍성)		SMR(혁신원자력) (경주)
광주	미래자동차		원자력수소 (울진)
전남	우주발사체 (고흥)	강원	천연물 바이오 (강릉)
전북	국가식품 클러스터 2단계 (익산)		

Q 국민의힘에서 한국의희망에 연대나 합당 제안을 했던 것으로 보도되었습니다.
—
대통령실이나 그 측근들로부터 양향자 대표에게 입각 제의를 했던 것으로도 알려져 있습니다. 현 정부·여당에서 이런 뜻을 펼쳐 보는 건 어떻습니까?

양 국민의힘이나 현 정부에서 제 뜻을 이루는 건 사실상 불가능
—
하다고 봅니다. 일단 정부가 과학기술과 R&D를 대하는 태도, 첨단 산업을 바라보는 인식이 저와 매우 다릅니다. 지엽적이고 정치적 이죠. 특히 산업을 등한시하는 태도는, 방문규 산업통상자원부 장 관 총선 출마설에서 분명하게 읽을 수 있습니다.

아마 이 책이 나온 후에는 출마설, 차출설이 아닌 출마를 공식화 했을 가능성이 큽니다. 방 장관은 취임한 지 3개월도 안 된 사람입 니다. 대한민국 산업을 담당하는 정부 부처 책임자가 자리에 앉자 마자 국회의원 선거에 나온다는 게 말이 됩니까?

방 장관 측은 지난 3개월 동안 각국의 산업계 지도자와 만나고 네트워크를 구축한 것을 큰 성과로 홍보합니다. 산업을 위한 협력 관계를 만들었다는 거죠. 미국의 지나 러몬도 상무부 장관, 제니퍼 그랜홈 에너지부 장관, 중국 왕원타오 상무부장, 일본 니시무라 야스토시 경산성 대신, 호주 매들린 킹 연방 자원부 장관 등을 만나 대한민국 산업 전반에 대해 논의했다고 자랑했어요. 그런 성과를 산업 발전이 아니라 자기 선거에 이용하겠다는 겁니다. 기업에서 이런 식으로 처신했다면, 아마 법적인 처벌을 받았을 겁니다.

산업에 대한 민주당의 접근도 진지하지 않습니다. 선거 때나 신경을 쓰지, 평소에는 첨단산업을 이끄는 글로벌기업 지원과 투자에 대한 관심이 매우 인색합니다. 대기업 특혜, 이 프레임에서 벗어나질 못합니다. 대기업을 공공의 적으로 만들어 국민 앞에서 공격하기 일쑤죠. 위법을 저지르면 대기업도 처벌해야죠. 그러나 국민을 착취하는 세력처럼 만들면 안 됩니다.

정치권은 기업을 정치적으로 이용하지 말아야 합니다. 기업에 선심 쓰듯, 선물 주듯 정치적 이벤트로 지원하지 말고, 시스템에 입각해 법을 만들어 공식적으로 국민 동의하에 지원하자는 겁니다. 기업인들이 정치권 눈치를 보지 않게 하자는 거죠.

지난 12월 초, 부산 엑스포 유치에 실패한 후, 대통령이 직접 국민에게 사과하고 부산을 찾아가 시민들을 달래지 않았습니까? 민생 행보 차원에서 재래시장도 갔는데, 거기에 대기업 총수들을 데려갔어요. 대통령과 함께 어묵과 떡볶이를 먹었죠. 그걸 보고 주위의 기업인들은 정말 처참했을 겁니다. 도대체 무슨 짓입니까? 다음은 제가 그날 SNS에 썼던 글입니다.

대통령의 기업인 동행 행보 멈추라!

2030 부산 엑스포 유치가 불발되었습니다. 국민 염원과 민관 합동의 노력에도 불구하고 이뤄지지 않았습니다. 중요한 것은 꺾이지 않는 마음이라고 했습니다. 실패를 교훈 삼아 더 충실히 준비하면 성공할 수 있습니다.

그러나 지금 대통령과 정부는 차분히 실패를 복기하기보다 국민의 눈을 돌리려는 모습입니다. 더구나 엑스포 유치를 위해 가장 앞선 자리에서 노력했던 대기업 총수들을 들러리 삼는 민생 행보는 보기가 많이 민망합니다. 산업현장의 기업인들이 처참한 심정으로 바라보고 있습니다. 기업은 경제의 중추입니다. 기업의 생명은 창의성과 자율성입니다. 정치에 활용하기보다 제 할 일을 하게 해야 합니다. 위기에 처한 국정 지지율 극복이 아닌 미증유의 경제위기 극복에 전념하도록 해야 합니다.

대통령 곁에서 어색하게 떡볶이를 먹는 기업 총수들의 모습은 국민에게 위로와 자신감을 주는 것이 아니라 역효과만 납니다. 과거 권위주의 정권의 경직된 관치경제가 떠오르지 않도록, 부디 기업인들을 일하게 둡시다.

2023년 12월 7일

3부

전 국민 인생 3모작 프로젝트

생애 주기 곳곳에 기회의 사다리를!

Q 앞서 정치와 경제, 두 분야에 관한 대표님의 철학과 한국의희망의 비전에 관해 얘
—
기를 나눴습니다. '다당 체제로의 정치 혁신' '첨단산업 국가로의 경제 혁신' 이 두 가지
가 그 요체로 보입니다. 이제 다른 분야의 비전을 듣고 싶습니다. 한국의희망의 대표적
인 복지 정책은 무엇입니까?

양 한국의희망에 관심을 가진 국민은 아시겠지만, 지난 10월부
—
터 12월 중순인 지금까지 주 1회 이상 기자회견을 했습니다. 각종
비전을 발표하고 정치 현안에 관해 논평했습니다.

그중 총 7회는 한국의희망의 대표 정책을 발표했습니다. 앞으로
도 계속 이어질 겁니다. 대표 정책은 앞서 말한 '과학기술 퍼스트
무버 대한민국'과 'K-네옴시티 프로젝트' 등입니다.

질문하신 복지 분야와 관련, 한국의희망의 비전은 바로 '전 국민 인생 3모작 프로젝트'입니다. 발표 후 국민의 관심이 컸습니다. 삶에 직접적인 영향을 끼치는 정책이기 때문인 것 같습니다.

이 프로젝트를 구상한 분은 한국의희망 정치학교 '서울콜로키움'의 교장이자 당 정책연구소 'HK연구원'의 원장 최연혁 교수님입니다. 스웨덴 린네대학의 현직 교수님이기도 한데, 북유럽의 다양한 정책 전문가시거든요. 한국의 상황에 선진적인 북유럽 복지 제도를 담기 위해 노력하셨습니다.

최 교수님이 생각하는 '전 국민 인생 3모작 프로젝트'의 핵심 컨셉은 개인의 삶을 3주기, 즉 "청년기·중년기·노년기로 나누고 각각의 주기 곳곳에 기회의 사다리를 놓는 것"입니다.

그중 핵심은 중년기에 제2의 직업을 가질 기회를 주고, 노년기에는 그 경험과 지혜를 다음 세대와 나누는 직업을 갖도록 하는 것입니다. 기존 복지제도, 다른 당 복지 정책과의 차이점은, 이 프로젝트가 보편적 복지 차원에서 시행하는 일회성·시혜성 정책이 아니라는 겁니다.

최고의 복지는 뭘까요? 바로 '일' 아니겠습니까. 청년도, 노인도, 장애인도 가장 바라는 것은 자신의 '일'을 갖는 겁니다. 삶을 마감할 때까지 자기가 원하고 잘하는 일을 하면서 경제생활을 유지하는 것이죠.

기존의 시혜성 복지 재원을 줄여서 국민의 교육과 직업 훈련에 투입하고, 이를 노동 시장에 재투입하는 '능동형 시장복지'로 가자, 그것이 바로 '전국민 인생 3모작 프로젝트'입니다.

Q 인생의 단계마다 기회의 사다리를 놓는다, 기대되는 정책입니다. 한국 사람들은 삶이 갑자기 나빠지지 않을까 걱정이 참 많죠. 50에 접어든 저도 마찬가지고요.

양 저는 한국인의 삶을 이렇게 요약합니다.

"청년은 '불안'하고, 중년은 '불행'하며, 노년은 '불우'하다."

자, 청년 시기를 볼까요? 다들 불안하죠. 입시, 취업, 결혼과 내집 마련, 출산 등 청년기 내내 혼란스럽습니다. 중년은 어떤가요? 자녀 교육, 각종 대출에 부모를 모시는 일까지…. 버거운 삶에 치어 행복은 노후로 미룹니다. 그러나 정작 노년이 되면? 삶은 중년보다 더 불행하고 심지어 불우하기까지 합니다. 많은 노인께서 은퇴 후 빈곤, 만성질환, 고립감과 패배감에 고통받고 있습니다.

안타까운 현실입니다. 입시·취업·사업·노후 준비 등 주요 국면에서 단 한 번이라도 실패하면 삶이 위험해집니다.

Q 공감합니다. 한 번만 실패해도 삶이 위험해진다….

양 그래서 전 주기에 기회를 한 번씩 주는 겁니다. 일단, 1주기의 청년들을 위한 기회는 '글로벌 경쟁력 제공'입니다. 그래서 한국의희망은 청소년기와 청년기에 세 가지 국제 프로그램을 시행하려고 합니다.

먼저 중고등학교 단계에서 '국제교류 프로그램'을 늘립니다. 더 많은 아이들이 세계를 경험할 수 있게 하는 겁니다. 대학교 시기에는 '교환학생 프로그램'을 통해 최소 30% 이상을 한 학기 동안 전 세계 학교로 보낼 계획입니다. 국제 노동 시장과의 매칭 코칭, 국제기구 교육반, 국제원조 기금과 연계한 해외 봉사, 인턴제도 등도 운영하겠습니다. 우리 청년들이 대한민국을 마음에 품고 세계 무대를 뛰는 기회를 가질 수 있도록 하겠습니다.

청년기의 대표적 고충은 내 집 마련이죠. 여기서 질문, 한국에서 자기 집을 마련하는 나이가 보통 몇 살인지 아세요? 43세라고 합니다. 청년기를 모두 내 집 마련을 위해 쏟아붓고 있다고 해도 과언이 아닙니다. 월세든, 전세든, 자가든 집 문제 때문에 생활비가 부족하고, 대출하고…. 이런 불행한 삶을 피하고 싶어 결혼도 포기하는 것 아니겠습니까?

그래서 한국의희망은 세 가지 현실적인 청년주택 정책을 시행하려고 합니다. 첫째, 미분양 아파트를 임대입니다. 정부가 미분양 아파트를 구입해 30년 거치, 시중 주택담보대출 최저 이자 수준으로 청년들에게 임대하는 겁니다. 둘째, 토지임대부 주택 활성화입니다. 땅값을 뺀 '반값아파트'라고 아시죠? 이 반값아파트를 청년에게 집중적으로 보급하겠습니다.

셋째, 청년 공공임대주택을 늘리는 겁니다. 한국에는 임대주택 형태가 많습니다. 예컨대 시니어·장애인 임대주택 등이 있죠. 이와 연계하고 협동조합형 공공주택, 대학교 주변 기숙사형 공공임대주택 등을 활용해서 다양하고 저렴한 청년 공공임대주택을 공급하는 겁니다.

Q 젊은 부모들은 아이 키우느라 시간을 많이 빼앗기지 않습니까? 저도 딸이 하나 있는데, 부모가 늘 붙어있어야 합니다.

양 그 문제에 관한 고충도 많이 들었습니다. 현재 상황을 보면, 초등학교 저학년 때 일종의 '보육 공백기'가 찾아옵니다. 맞벌이 부부라면 둘 중 한 명은 직장을 그만둬야 할 처지에 내몰립니다. 정부가 도와줘야 합니다.

그래서 한국의희망은 '초등 저학년 방과 후 과정'을 획기적으로 확충할 계획입니다. 이 방과 후 과정에는 은퇴한 인생 3주기 노인 분들을 전문가로 활용할 수 있는 장점이 있습니다.

이게 잘 되면, 청년 부부는 심리적 불안과 함께 사교육비를 줄이고, 은퇴자는 경제적 보상과 함께 사회적 성취감을 얻을 수 있습니다. 아이, 부모, 은퇴자 모두가 윈·윈·윈 할 수 있는 정책이라고 생각합니다.

방과 후 프로그램도 지금보다 더욱 창의적이고 국제적인 역량을 높이는 방향으로 개선하려고 합니다. 체육, 예술, 과학, 글쓰기, 말하기 등 현재 운영 중인 프로그램을 보다 세분화하고, 창의성을 함양할 수 있는 과목을 다수 개발하겠습니다. 외국에는 사회적으로 매우 성공한 운동선수와 예술가, 작가 등이 어린 시절 이런 방과후 과정에서 두각을 나타내고 또 성장한 사람들이 많아요. 배울 점이 있습니다.

중년기, 북유럽식 '직업전문대학' 도입

양 이제 2주기인 중년기로 넘어 가보죠. 40대부터 은퇴 전인 60대 초반 정도가 이에 해당할 것 같습니다. 이 시기 시행되는 정책 목표의 핵심은 '제2의 직업을 갖도록 돕는 것'입니다. 4차산업혁명 시대, 수많은 직업이 새로 생기고, 또 수많은 직업이 도태됩니다.

한가지 직업으로 평생을 살기 어려운 시대입니다. 현재 초등학생의 약 60%는 성인이 되었을 때 지금은 없는 새로운 직업을 갖게 된다는 말도 있습니다. 세상이 빠르게 변하고 있습니다.

저도 어릴 때는 30년 동안 직업이었던 '반도체 엔지니어'란 직업이 있는지도 몰랐습니다. 유튜브 등 새로운 미디어에서 활동하고 고액을 버는 '크리레이터'라는 직업, 이 역시 10년 전에는 상상도 못 했죠.

40대와 50대 초반 분이 제 주위에도 많은데, 본인 직업에 대해 회의감을 가진 경우가 많아요. 대기업이나 전문직도 마찬가지입니다. 그런데 직장을 못 그만두죠. 새로운 삶을 시작할 엄두를 못 냅니다.

우리 사회가 이들에게 새로운 직업에 도전할 수 있는 용기를 주지 않거든요. 오히려 도전이 잘못되어 실패하면 인생이 나락으로 떨어질 수 있다고 겁을 주는 형국입니다. 그래서 불행하고 마음이 허전하지만, 그냥 참고 살아갑니다.

만약 40~50대가 되어서도 원래 걸어왔던 인생의 항로를 바꿀 수 있다면, 그렇게 바꾼 항로에서도 나름의 경제적 이익을 거두고 안정적으로 살 수 있다면, 그보다 좋은 복지 정책은 없을 겁니다. 인생 1주기의 잘못된 선택이나 실패 때문에 평생 후회하고 아파하며 살지 않아도 되고요.

탄탄한 교육 시스템이 있으면 가능합니다. 이 '제2의 직업교육'은 현재 북유럽 국가에서 시행하고 있는 직업전문대학, 'Vocational college' 제도를 도입해서 실시하려고 합니다. 2~3년 동안 공부에만 전념할 수 있도록 국가가 지원하는 제도입니다.

교육과정은 3년제 정도로 잡고, 일반대학과 연계해서 전공을 선택할 수 있게 설계하겠습니다. 매년 20만 명 이상 참여할 수 있도록 준비하려고 합니다. 많은 분이 새로운 삶을 살아갈 수 있습니다.

Q 예산, 재원이 문제겠군요. 이미 시행하는 나라는 어떻게 예산을 만들었습니까?
—

양 재원이 중요하죠. 스웨덴에는 CSN라는 기관이 있습니다. 교육부 학생 금융지원 시스템인데, 학생들이 재정적 지원을 받을 수 있는 곳입니다. 여기서 장학금도 받을 수 있고 매달 대출도 받을 수 있습니다.

이전에 벌었던 소득에 따라서 장학금 액수도 달라지고, 가정환경도 고려합니다. 예를 들어 내가 아이가 있다, 그러면 더 많은 돈을 빌리고 장학금도 더 많이 받을 수 있습니다. 상환액도 일을 시작한 후 수입에 맞게 책정됩니다. 수혜자 대부분이 상환에 큰 부담을 갖지 않아요.

한국도 CSN을 참고해서, 가칭 '국민교육지원청'을 설립하는 겁니다. 그곳에서 제2의 직업을 교육할 기금을 만들 수 있을 겁니다. 기금을 원하는 국민에게 초저리 장기대출을 할 수 있게 하면, 3년 동안 직업 교육을 받을 때 생활비로 사용할 수도 있습니다. 대출금은 각자의 상황에 맞춰 65세까지 직장생활을 하면서 상환할 수 있도록 장기상환 프로그램을 만들 계획입니다. 만약 50세 때 학비를 지원받으면 15년 동안 조금씩 상환하는 방식이 되겠죠. 물론 부정한 방법으로 대출을 받거나, 상환을 고의로 연체하는 등의 문제가 생기지 않도록 제도를 꼼꼼히 설계해야 할 겁니다.

제2의 인생을 위해 공부하는 국민에게 교육지원금이나 인센티

브를 지급하면 많은 국민이 적극적으로 전업을 고려할 수 있게 될 겁니다. 행복을 찾아 도전하는 사람들이 많아지는 거죠.

노년기, 여생을 즐기며 경험을 나눈다

양 자, 이제 3주기에 접어들었습니다. 노년층은 신체적 건강과 경제적 안정, 이 두 가지가 매우 중요합니다. 둘 중 하나만 없어도 재앙이죠. 준비된 노후는 축복이고 그렇지 않으면 재앙이다, 이런 말도 있잖아요?

우선 의료시설이 갖춰진 공공요양원, 사립요양원을 늘리려고 합니다. 재원이 필요한데, 기초연금과 4대 연금(국민연금·공무원연금·군인연금·사학연금), 이렇게 나누어진 연금제도를 하나의 연금 체제로 통합해 개혁하고, 기여한 만큼 연금을 받는 방식으로 노동과 연금 수준을 연계하면 해결될 수 있을 겁니다. 여기서도 기구가 하나 필요합니다. '연금지원청(가칭)'을 설립해 부족분은 국가가 지원하도록 하는 겁니다.

앞서 말씀드렸듯이 노년도 질 높고 보람된 '일'을 가질 수 있어야 합니다. 61세 이후 순차적으로 연금 생활자의 삶으로 접어들 때, 그동안 배우고 익힌 것을 사회에 환원하고 보상받을 수 있는 직업을 갖게 하는 겁니다.

이를 위해 노인들을 유아교육, 방과후 학교, 직업전문학교 등에서 강사로 일하게 하겠습니다. 오래도록 쌓은 경험과 전문성, 그리고 깊은 사고를 젊은이들과 나눌 수 있게 하겠습니다.

이렇게 되면 국가적으로 엄청난 수의 재능자원을 활용할 수 있게 됩니다. 국민 개인적으로는 정신적, 육체적 건강 수준도 높아지겠죠. 그러면 다시 국가적으로 의료비용이 줄어드는 선순환 구조가 만들어질 수 있습니다. 무엇보다 연금에 의존하는 수동적이고 불우한 노년의 삶이 능동적이고 활기찬 삶으로 바뀔 수 있습니다.

그리고 국가가 황혼의 삶을 돌볼 수 있도록 하겠습니다. 내가 죽어 어디에 묻힐까, 그런 걱정을 자녀들에게 전가하지 않아도 되도록 국가 주도로 노년과 죽음까지 꼼꼼히 챙기려고 합니다.

Q 사실상 국민의 생애 전주기를 국가에서 관리하는 시스템이로군요.
—

양 그렇습니다. 한 사람이 태어나서 삶을 마감하는 인생의 전 구간에서, 혹여 한번 실패하더라도 다시 딛고 일어설 수 있도록 기회의 사다리를 촘촘히 놓는 정책입니다.
—

이것은 복지 정책이기도 하지만, 나아가 '노동 정책'이고 '인구 정책'일 수도 있다고 생각합니다. 예산 중 지방교부금으로 내려가서 일과성으로 지원하는 청년기금과 생계비, 이런 중첩되는 비용을 교육과 훈련에 투입하고, 국가복지를 효율화시키고, 지방대학·

정규대학·직업교육대학 등의 참여를 유도해 지방의 경쟁력을 강화합니다. 따라서 '국토 균형발전 정책'이고, 적극적 '노동 시장 정책'이고, 저출산의 악순환을 끊는 '미래 인구 정책'이라는 겁니다.

우리는 행복할 자격이 있습니다. 한순간의 행복이 아니라, 전 생애 주기 내내 행복해야 합니다. 아주 중요한 '헌법 정신'이죠. 국민께 이렇게 말씀드리고 싶습니다. 여러분이 노력을 안 해서, 재능이 부족해서 불행한 것이 아니다. 국가가 조금만 더 섬세하고, 조금만 더 지혜롭게 돕는다면 혹여 잠시 불행하더라도 다시 행복해질 수 있다고 말이죠.

Q 장애인, 빈민 등 좀 더 소외된 분들을 위한 정책도 궁금합니다. 아까 '일'이 중요하다고 하셨는데.

양 네. 장애인 정책도 결국은 '일'이 핵심이라고 생각합니다. 대한민국에서는 장애인이 빈곤층이 될 가능성이 높습니다. 우리나라 장애인 가구가 빈곤에 처할 위험이 비장애인 가구보다 2배 이상 높다고 합니다. OECD(경제협력개발기구) 국가 중 가장 높은 수준입니다. 장애인 가구 소득도 전국 가구 소득 대비 50% 정도에 불과하고요.

이유가 뭘까요? 저는 '취업이 어렵기 때문'이라고 생각합니다. 장애인도 직장을 가지고 월급을 받아야 존엄한 생계를 유지할 수 있는데, 우리 사회는 오랫동안 여기에 관심이 적었습니다. 일자리도 절대적으로 부족합니다. 중증 장애인의 경우는 더 심각하고요.

스웨덴에 삼할(Samhall)이라는 제도가 있습니다. 장애인 직업학교인데요, 한국의희망은 직업학교와 직장을 연결하는 '직장 매칭 제도'를 도입하려고 합니다. 장애인이 일을 가지면 그를 돌보는 가족도 자유로워집니다.

제가 아는 분의 아이가 희소병을 앓았는데, 24시간 내내 아이 곁에 누군가가 있어야 하더군요. 부모뿐만 아니라 아이의 이모까지 돌봄에 참여하는 모습을 봤습니다. 안타까운 현실이죠.

장애인과 장애인 가족도 국민입니다. 그분들이 숨어서 눈물 흘리고 소외되지 않도록 해야 합니다. 꼼꼼하게 그분들 삶의 조건을 점검하고, 생활의 불편을 없애고, 원하는 만큼 교육받을 수 있게 하고, 노동 시장에 진출해 일할 수 있게 국가가 도와야 한다고 생각합니다. 기업들도 장애인 고용 의무를 반드시 지킬 수 있도록 벌금을 확실하게 매기고, 예외 규정도 최소화해야 합니다.

한국의희망이 구상한 정책 중 하나로 '위기 가구 즉시 연계 시스템'이 있습니다. '수원 세 모녀' 사건을 기억하실 겁니다. 채무와 빈곤에 시달린 세 모녀가 스스로 생을 마감한 사건인데, 이 비극적 죽음이 우리에게 준 교훈이 있습니다.

위기를 발견하면, 그 즉시 공적 시스템 안에서 해결할 수 있는 제도가 필요합니다. 그 세 모녀가 채무 문제로 어려움을 겪고 있을 때, 신용회복위원회나 서민금융진흥원에서 위기 상황을 파악해 경보를 발령하고, 이후 보건복지부의 기초생활보장제도나 긴급복지지원제도와 연결할 수 있었다면 어땠을까요? 모르긴 해도 그분들을 살릴 가능성이 컸을 겁니다.

즉, 최초로 위기를 발견한 정부 부처가 다른 부처나 기관과 연계할 수 있는 위기 알람 시스템을 만드는 것, 다시 말해 위기 사각지대의 완전 해소를 목표로 범정부 종합시스템을 구축하자는 겁니다.

지금 여러 정부 부처에 다양한 복지제도가 마련되어있지만, 이들 사이의 연계는 원활하지 않습니다. 위기 가구의 징후가 어느 한 부처나 기관에서 포착되더라도, 다른 부처나 기관으로 잘 연계되지 않습니다. 그러면 누군가 죽어가더라도 실제적인 도움으로 연결되지 못하는 경우가 많을 수밖에 없습니다.

민심 담은 비례대표제, 꼼수 없는 연동형

Q 네. 이제 다른 분야로 넘어가 보죠. 일곱 차례의 릴레이 정책 발표 내용 중 선거제도에 대한 제언이 눈에 띕니다. 2023년 12월인 지금은 총선을 약 4개월 앞둔 시점입니다. 그러나 아직 국회의원 비례대표 선거제도가 확정되지 않았습니다. 특히 연동형이냐, 병립형이냐, 의견이 분분합니다.

양 비례성과 대표성을 지킬 수 있는 제도는 '연동형'입니다. 이재명 대표도 지난 대통령 선거에서 '정치 개혁 분야 공약'을 하면서 연동형을 약속했죠. 그러나 선거제도는 국회 '합의' 사항인지라, 국민의힘이 병립형을 주장하는 지금, 연동형으로 총선이 치러질 가능성은 사실상 없다고 봅니다. 이재명 대표가 슬슬 공약 파기 분위기를 풍기는 것도 그런 맥락이고요.

선거제도는 게임의 룰입니다. 바꾸려면 최대한 빨리 바꿔야 선수들, 즉 출마자와 정당이 준비도 하고 계획도 세우고 할 거 아닙니까? 그런데 질질 끌면서 발표를 늦추고 있습니다. 접점을 못 찾고 있는 것도 이유겠지만, 일부러 늦추는 면도 있다고 봅니다. 룰이 늦게 정해질수록 현역 정치인과 거대 정당들이 유리하니까요.

참담한 것은, 지금까지도 2024년 총선 선거구가 획정되지 않았습니다. 이 자체가 불법입니다. 공직선거법상 선거구는 선거 1년 전에 획정되어야 합니다. 내년 선거가 4월 10일이니까, 2023년 4월 10일에 끝났어야 할 일입니다. 미뤄도 기득권 정당은 불편할 게 없어요. 신인들이나 재도전하는 사람들이 불편하고, 손해를 보죠.

비례대표제도도 우리 같은 신진 세력이야 병립형이냐 연동형이냐에 따라 선거를 준비하는 모든 전략이 달라질 수 있지만, 양당은 그렇지가 않습니다. 바꿔도 이익, 안 바꿔도 이익입니다.

안 바꾸면 2020년식 준연동형인데, 이 제도는 사실상 위성정당 출연을 막을 수가 없다고 생각합니다. 직전 당대표가 탈당해서 신당을 만든다고 칩시다. 이건 위성정당입니까, 아닙니까? 지금과 같은 준연동형, 더구나 위성정당까지 있는 준연동형은 양당 기득권만 강화하는 제도입니다. 2016년식 병립형은 더욱 그렇고요.

지난 11월에 이재명 민주당 대표가 비례대표제도를 안 바꾸고 현행 준연동형으로 갈 수 있다고 시사했죠. "국민의힘이 버티는 데 민주당이라고 어쩔 수 있냐, 멋있게 지면 무슨 소용이냐." 이런 식으로 선거제 개혁을 거부하고 있는 겁니다. 그렇게 쉽게 대선 공약을 뒤집다니, 다음 대선 때 어떤 국민이 그분의 말을 믿을까요? 불체포 특권 포기한다더니 그 말도 바꾸고, 민주당식 민주주의 제도인 대의원 제도도 무력화시키고 말이죠. 당장 있을 총선에서 국민께 혼나봐야 정신을 차릴 텐데요.

선거구 획정부터 법대로 안 하면 반드시 처벌해야 합니다. 그런데 처벌 규정이 없습니다. 법을 어겨도 벌을 안 받으니까 맘대로 어기는 거죠. 한국의희망이 신당이다 보니 아무래도 신인 정치인들이 많은데, 그분들 다들 답답해서 가슴을 칩니다. 신인들에게는 아주 불공정한 레이스가 되고 있습니다.

선거구 획정 책임이 있는 정개특위(정치개혁특별위원회)를 보면, 지난 2023년 7월 회의를 끝으로 진척이 별로 없습니다. 당장 12월 12일부터 예비후보자 등록이 시작되었는데, 선거구가 아직 정해지지 않았다는 게 말이 됩니까? 자신의 선거구가 사라지거나 재편될지도 모르는 불확실한 상황에서 선거운동을 하는 그런 비합리가 어디 있습니까?

올해만 그런 게 아닙니다. 제21대 총선 선거구획정안 처리 결과를 선거일로부터 평균 38일 전에 의결했습니다. 제20대 총선에서는 선거일 42일 전에 의결했고요.

국민이 법을 어기면 처벌과 벌금 등 불이익을 감수해야 하지만, 국회의원들은 태업하고 직무를 유기해도 처벌을 안 받습니다. 법을 그저 몸을 치장하는 액세서리 같은 존재로 전락시킨 겁니다. 법치주의 국가에서 있을 수 없는 일이라고 생각합니다.

이를 바로 잡을 힘은 국민에게 있습니다. 사실 믿을 곳은 국민뿐입니다. 이런 '의무'를 저버린 사실을 잊지 말고 국민이 심판해야 합니다. 국회의원들, 국민에게는 법을 잘 지키라고 하면서, 본인들이 스스로 만든 법을 무시하고 무력화하는 기만행위를 하는 겁니다.

모든 당선자가 50% 득표를 넘기는 방법

Q 비례대표제는 위성정당이 없는 연동형을 주장하고 계신 거네요. 한국의희망이
생각하는 다른 선거제도 개혁안이 있습니까?

양 좋은 선거제도는 핵심적으로 크게 3가지를 충족해야 한다고
생각합니다. 첫째는 대표성을 가져야 합니다. 국민의 표가 정당 의
석수 배분에 정확하게 반영돼야 한다는 겁니다.

예를 들어 비례대표 선거에서 30%의 지지를 받은 정당은 그와
비슷한 의석이 배분되는 것이 가장 민주적입니다. 그런데 한국은
30% 받은 정당이 지역구까지 포함해 국회 의석의 과반을 차지하
기도 하죠.

만약 5%의 지지를 받은 작은 정당이 있다면, 의석수 300명의 5%,

즉 15명이 국회에 진출하는 것이 대표성에 충실한 겁니다. 뉴질랜드도 예전에 20% 이상 지지를 받은 정당이 실질적으로는 2~3%의 석수로 의회에 들어갔어요. 그래서 문제가 있다, 그런 공감대가 형성되면서 1993년에 선거제도 개혁을 단행하기도 했습니다.

무엇보다 한국 국회의 비례대표를 늘려야 합니다. 국민 대표성을 강화하기 위해, 1981년 제11대 선거 때와 같이 지역구의 50%를 비례대표로 하면 좋겠습니다. 전체 의석수 300석에서 우선 100석을 비례대표로 정하고, 이후 200개의 선거구를 다시 획정하는 방식으로 가는 겁니다.

당장 실행하기 어렵다면, 2028년 선거 때부터 시행하겠다고 국민 앞에 약속하고, 내년 총선에 한시적으로 20대 총선에서 줄인 7석의 비례대표 수만큼 다시 회복시켜 47석에서 54석으로 늘리고, 전체 54석을 연동형으로 배분할 것을 제안합니다.

두 번째, 소선거구제도의 문제인 소수의 지배 현상을 해결해야 합니다. 소수의 횡포 혹은 소수의 독재를 막는 겁니다. 좋은 선거제도는 소수의 횡포를 막기 위해 다수의 동의와 지지를 얻은 후보가 당선될 수 있도록 하는 것입니다.

한 지역구에 보통 3명 이상 출마하는 선거에서, 한 명의 후보가 과반을 득표하기는 쉽지 않습니다. 그러다 보니 대다수 지역구 국회의원이 과반을 얻지 못하고 당선이 돼요. 이런 형태가 전국 단위에서 반복되면 소수가 다수를 지배하는 국회가 될 수 있는 겁니다.

그래서 지역구 내에서 다수의 지지를 받은 후보자가 당선될 수 있도록 결선투표제 도입을 심각하게 고려해야 합니다.

한 지역구에서 다수의 지지를 받은 후보자가 당선될 수 있도록 하는 결선투표 방식은 두 가지가 있습니다. 일정한 시차, 예컨대 2주를 두고 최고 득표자 2인이 겨루는 결선투표제, 아니면 한 명을 고르는 게 아니라 투표지에 후보의 순위를 매기게 하는 선호투표제 혹은 동시 결선투표제가 그것입니다.

일정한 시차를 두고 진행하는 결선투표제는 비용이 들고, 1차 투표와 결선투표 사이에 선거운동이 거세지고, 분열이 극심해지는 등의 우려가 있습니다. 그래서 조심스럽게 접근해야 합니다.

그런 점에서 보면 선호투표제가 좋은 대안이 될 수 있습니다. 투표용지에 선호하는 순서대로 후보의 순위를 표기하는 겁니다. 탈락한 후보를 선순위로 선택한 사람의 표를 그가 차순위로 선택한 후보에게 이양하는 방식입니다. 이러면 절대다수를 차지하는 후보를 선출할 수 있습니다. 검표 과정이 조금 복잡한 것이 단점이기는 하지만 사표를 줄일 수 있고, 결선투표제에 비해 시간과 돈도 적게 들고, 민심의 분열도 줄일 수 있다는 장점이 있죠. 유권자는 당선되었으면 하는 순서대로 후보자 순위를 정하기만 하면 되니까, 투표 시 혼란스럽거나 어렵지도 않습니다.

'선거제도개혁 국민회의체'와
'선거제도 위원회'

Q 후보가 6명, 7명이 되면 좀 복잡하겠습니다. 당장 우리 어머니는 어렵다고 투표를 안 하실지도 모르겠어요.

양 어렵지 않습니다. 3명까지만 표기하면 됩니다. 후보가 난립할 때 출마 후보 모두의 순위를 일일이 표기하지 않고, 1위부터 3위까지만 기재하도록 하는 겁니다.

어쨌든 이렇게 하면 소수의 통치라는 정당성 결여의 문제를 해결할 수 있고, 당선된 국회의원들의 선거구 지지기반도 강화할 수 있다는 장점이 있습니다.

자, 마지막 셋째, 좋은 선거제도는 지역구 편중이 없어야 합니다. 그래야 국가적 책임이 강화됩니다. 그러려면 앞서 말한 비례대표

100인을 인구수에 비례해 권역으로 나누어 배정하거나, 미국 상원 방식으로 전국 17개 시도마다 각각 6석씩 배분하는 등의 제도를 도입할 수 있습니다.

현행 지역구 의원들은 지역 현안에 더 치중하는 한편, 새로 선출되는 권역별 비례대표들은 국민 안전, 외교 안보, 기후 에너지 등 미래지향적이고 범국가적인 의제에 집중할 수 있겠죠. 이렇게 하면 현 국회는 1원, 지역대표는 2원으로 바뀌게 됩니다. 사실상 양원제가 되는 거죠. 헌법을 개정하지 않아도요.

저도 그렇지만 지역구 국회의원들은 지역행사 참여하는 게 의정활동에 매우 큰 비중을 차지합니다. 지역 경조사를 챙기는 것도 그렇고요. 지역구 국회의원들 대부분은 매주 몇 시간씩 차를 타고 지역을 오갈 겁니다. 국가적으로 비효율적인 게 사실이죠.

Q 좋은 아이디어인데, 선거제도를 바꾸는 게 쉽지 않은 거 같습니다. 선거제도 개혁을 실행할 방법이 있을까요?

양 맞아요. 선거제도를 바꾸는 게 헌법을 바꾸는 일보다 어렵다고 하죠. 중이 제 머리 못 깎는다고, 자기가 알아서 스스로 혁신하는 사람이나 조직은 많지 않습니다. 우리 국회도 마찬가지입니다.

하지만 포기하고 그냥 놔둘 수는 없습니다. 더 이상 정치를 이렇게 두면 안 된다, 두 당이 정치를 이끌게 두어서는 안 된다, 이런 공감대가 국민에게 있다고 생각합니다. 무능하고 오만하고 나태하고 직무를 유기하는 정치권을 그냥 둘 수 없다, 이것이 다음 총선의 중요한 의미라고 생각해요. 그러려면 민주적이고 과학적이며 공정한 선거제도로 바꾸는 일부터 시작해야 합니다.

지난 21대 총선 전 급조된 현 선거제도는 당시 제1야당이었던 지금의 국민의힘 없이 완성됐습니다. 지금 22대 총선 선거제 논의에서도 국민의힘은 제대로 참여하지 않고 있습니다. 토론에서 연동형의 '연'자만 나와도 자리에서 일어나 버립니다.

이재명 대표의 메시지에서 보듯, 민주당은 자신들을 거대 정당으로 만든 지금의 준연동형 비례대표 선거제도를 바꿀 의지가 별로 없어요. 그래서 두 당 사이 논의의 진도가 잘 안 나갑니다.

두 당을 보고 있으면, 참 비겁하고 야비합니다. 국민을 상대로 자신들의 기득권을 지키기 위한 정치적 도박을 하는 거 같아요. 민주당 이탄희 의원 등이 총선 불출마를 내걸면서, 진정성 있게 선거제 개혁을 제안하고 있지만, 민주당이 받아들일 가능성, 국민의힘이 수용할 가능성은 사실 크지 않습니다.

양 한국의희망은 무엇보다 선거제도 개혁을 위한 전 국민 협의체가 필요하다고 봅니다. 국회의원에게만 맡기면 안 됩니다. 두 정당이 적극적으로 참여하지 않더라도 결국은 함께할 수밖에 없도록, 합리적인 대안 세력들이 모여 '선거제도개혁 국민회의체'를 만들어 논의를 시작해 보자는 겁니다.

또, 상시적인 '선거제도 위원회' 운영을 제안합니다. 선거 18개월 전 구성되는 한시적인 '선거구획정위원회' 대신, 영국의 '왕립선거구획정위원회'처럼 상시체제로 전환하는 겁니다.

그래야만 선거제도를 개혁하거나 선거구를 획정할 때 인구이동이나 사회적 변화를 지금보다 정확하게 예측하고 대비할 수 있습니다. 그리고 농어촌과 대도시 표의 등가성 확보, 동서 화합 등을 촉진하기 위해 지속적으로 연구하고 자료를 축적하는 효과도 생깁니다.

또, 지속적인 선거제도 개선을 위해 이전 선거에서 발견된 단점을 정리하고 고쳐서 국민 대표성을 확보한 좋은 선거제도로 진화해 나갈 수 있습니다. '선거제도 위원회'에는 국내외 최고 전문가와 학자들이 함께 자문위원으로 참여할 것이고, 중앙선거관리위원회, 감사원처럼 헌법적 지위를 부여해서, 정권에 휘둘리거나 정당들의 간섭에 흔들리지 않고 독립적으로 유지할 수 있도록 하겠습니다.

Q 앞서 각각의 국가마다 선거제도가 다양하다고 말씀하셨는데, 그래도 경향성이 있지 않을까요? 우리나라는 거기에 부합하나요?

양 세계의 국가들은 지금 소선거구 기반 단순다수대표제에서 비례대표제나 혼합제로 전환하는 중이라고 봅니다. 민주주의와 선거

지원 등을 수행하는 국제기구인 IDEA에 따르면, 1991년 단순다수 대표제를 채택했던 나라가 105개국이었는데, 2017년에 87개국으로 줄었습니다. 반면 비례대표제를 채택한 나라는 73개국에서 85개국으로 늘었습니다. 혼합제는 19개국에서 29개국으로 늘었고요.

또 대통령제를 채택하고 있는 216개 국가 중 84개국이 결선투표제를 사용하고 있고 점점 증가하는 추세입니다. 세계가 왜 이런 추세로 가느냐? 소수의 횡포, 즉 승자 독식 체제가 민주주의에 반한다고 생각하기 때문이에요.

이제 우리나라도 근본적으로 선거제도 개혁을 시작해야 할 때입니다. 더는 기다릴 시간이 없습니다. 이대로 대한민국의 선거를 방치할 경우, 국민은 분열되고 국론은 갈라져서 국가의 미래가 위태로워질 수 있다고 봅니다.

고대 아테네의 지도자이자 정치철학자였던 페리클레스가 이런 말을 했습니다. "당신이 정치에 관심을 두지 않는다고 해서 정치가 당신을 자유롭게 두지는 않는다."

우리가 자유로워지고자 한다면, 모두가 정치에 관심을 두고 지혜를 모아서, 행동으로 정치를 바꿔야 합니다. 국민을 편 가르는 정치, 소수만을 위한 정치를 확장하거나 유지하려는 모든 제도와 세력에 과감히 맞서야 합니다. 미래 세대에게 더 좋은 민주주의를 물려주기 위해, 지금 우리 앞에 놓인 장애물들을 하나씩 제거해야 한다고 생각합니다.

정치 바꾸려면 국회의원 특권부터 내려놓아야 한다

Q 국민이 꼽은 대표적인 구태 정치가 '국회의원의 특권'이 아닌가 합니다. 앞서 양 대표님도 이재명 민주당 대표가 국회의원 불체포 특권 포기 약속을 번복한 것을 비판했습니다. 국회의원 특권 폐지와 관련해 한국의희망의 입장은 무엇입니까?

양 국회의원 특권 모두 내려놓기, 그것이 한국의희망의 입장입니다. 실제로 국회의원의 특권은 약 60가지가 된다고 합니다. 조약의 체결·비준에 대한 동의권이나 헌법 개정에 관한 권한은 특권이라기보다 고유의 권한이죠. 시민단체 등에서 "국회의원 특권이 200개가 넘는다."라고 하는데 그건 다소 과장된 거 같고요.

대표적인 것이 '불체포 특권'과 '면책 특권'이죠. "국회의원은 현행범인 경우를 제외하고는 회기 중 국회의 동의 없이 체포 또는 구금되지 아니한다."는 헌법 제44조와 "국회의원은 국회에서 직무상 행한 발언과 표결에 관하여 국회 외에서 책임을 지지 아니한다."는 제45조에 따른 것인데, 이를 악용하는 경우가 많습니다. 대표적인 사례가 두 가지인데, 둘 다 이재명 민주당 대표에 관한 것입니다.

2021년 경기도 국정 감사와 2022년 예산결산특위에서 국민의 힘 김용판 의원이 당시 이재명 경기도지사의 조직폭력배 연루설을 주장합니다. 그는 "이재명 지사가 대통령이 되면 대한민국이 조폭 천하가 된다."고 했습니다. 국감에서 이재명 지사에게 건네졌다는 돈다발 사진도 공개하죠.

민주당과 이재명 지사는 모두 명백한 허위사실이라고 했습니다. 이재명 당시 지사가 국감에서 김용판 의원을 향해 이렇게 얘기합니다. "바로 이런 거짓 행태 때문에 국회의원 면책 특권이 없어져야 하는 겁니다."

자, 2022년 대선이 왔고, 이재명 지사는 민주당 대선 후보가 되었습니다. 그리고 대선 공약으로 국회의원 면책 특권과 불체포 특권 포기를 내놔요. 대선 과정에서 이재명 후보에 대한 각종 부패 비리 의혹이 터지고 대선에서 결국 패하죠. 그러고 나서 이재명 후보가 무슨 선택을 했습니까?

전당대회에 나가서 당 대표가 되고, 그걸로도 부족하니까 보궐 선거에 나가서 국회의원이 돼요. 그러고 나서 국회에서 본인의 체포동의안 부결을 이끌어요. 그러니 민주당이 '이재명 방탄 정당'이라는 말을 듣는 겁니다.

이재명 대표는 지난 6월 국회 교섭단체 대표 연설에서 다시 한 번 불체포 특권 포기를 선언합니다. 그런데 9월 두 번째 체포동의안이 국회로 넘어오니까 말을 바꿔요. "명백히 불법 부당한 이번 체포동의안의 가결은 정치검찰의 공작 수사에 날개를 달아준다. 검찰 독재의 폭주 기관차를 멈춰달라."면서 약속을 번복합니다.

일관성도 없고 비겁합니다. 한국의희망은 이런 짓, 이런 정치 안 한다는 겁니다. 그래서 지난 11월 한국의희망은 '특권 없는 정치, 부패 없는 사회' 정책을 발표하면서 국회의원 불체포 특권을 포기하겠다고 공약했습니다.

Q 국민은 국회의원들이 '적게 일하고 돈을 많이 받는다'라고 생각합니다. 이 부분에 대한 개선책이 있습니까?

양 그 점 역시 국회의 대표적인 구태입니다. 지난 2021년 국회가 '일하는 국회'를 만들겠다면서 국회법을 개정했죠. 내용이 이래요. 국회 상임위원회 전체 회의는 매달 2회 이상, 법안을 심사하는 법안심사소위는 3회 이상 열겠다. 그러나 약속을 지킨 상임위는 한 군데도 없습니다.

조사를 해보면, 상임위의 월평균 법안심사소위 개회 횟수는 1.2회에 그쳤습니다. 월평균 2회 이상 전체 회의를 연다는 약속을 지킨 상임위도 법사위·행안위·문체위·산자위 등 네 곳에 불과합니다.

2023년 상반기 6월 기준, 21대 국회의 법안 통과율은 28.4%에 불과합니다. 22,240개 발의안 중 6,321개만 국회 문턱을 넘었습니다. 중복되는 법률안을 하나로 합친 대안 반영 법안이 4,032개에 이릅니다.

이런 태업과 태만에도 국회의원들은 꼬박꼬박 높은 연봉과 세비를 받아가죠. 금액도 많습니다. 한국 국회의원 보수는 OECD 국가 중 다섯 번째로 높습니다. 미국이나 독일, 프랑스, 스위스, 영국보다도 높아요.

국회의원들은 '무노동'에 대한 불이익도 전혀 없습니다. 민주주의가 작동하는 선진국들은 일을 안 하는 국회의원을 그냥 보고 있지 않습니다. 독일 하원은 사전 허가 없이 회의에 불참하면 200유로, 우리 돈으로 28만 원 벌금을 물어요. 호주 국회는 두 달 이상 연속으로 국회의 출석하지 않은 의원은 제명합니다.

미국은 의원의 회의 참석이 의무이고, 지키지 않을 시 강제로 참석시킵니다. 실제 상원 표결에서 정족수가 채워지지 않으면, 결석한 상원의원을 강제로 출석시킬 수 있어요. 과거 미국의 한 상원의원이 정족수가 부족하니까, 국회 경비에게 끌려와 강제 출석 당한 사례도 있습니다.

한국 국회에서는 출석률이 99%를 넘는 의원이 고작 19명에 불과합니다. 결석률 10%가 넘는 의원은 25명이라고 합니다. 그래도 월급은 꼬박꼬박 받아갑니다. 국회에 일하는 의원이 많아져야 하는데, 국민 보기 민망한 상황이죠.

국회위원도 무노동·무임금 원칙 적용

양 한국의희망은 무노동 무임금 원칙을 국회의원들에게도 적용해야 한다고 주장합니다. 정당한 사유 없이 본회의나 위원회 등 국회 회의에 불출석할 경우, 불출석 비율에 따라 세비를 차등 삭감하는 안을 추진하겠습니다.

구속 상태에서 월급을 받는 일도 있습니다. 무노동 무임금 원칙은 사법 절차 중에도 적용되어야 마땅합니다. 지자체장, 공무원은 구속 상태로 재판을 받으면 직무수행이 안 되니까, 최대 80%까지 급여가 삭감됩니다. 금융권, 상장사 등 임원들은 계약에서 정한 특정 상황 또는 불법행위가 발생하는 경우, 이미 지급한 보수를 환수하는 제도(claw back)가 있습니다.

그런데 국회의원은 구속되더라도, 유죄 판결이 확정돼서 의원직을 상실하더라도, 사직서를 제출하기 전까지 월급을 받습니다. 의정활동을 전혀 하지 않고도 매달 평균 1,300만 원이 넘는 급여를 수령합니다.

Q 아, 그런 상황입니까? 많이 알려지지 않은 사실 같은데, 국민이 공분할 일입니다.

양 이뿐만이 아닙니다. 구속 수감 중에도 정액 급식비, 정근수당, 명절 활동비, 차량 지원비 등을 꼬박꼬박 받아갑니다. 이런 게 특권 아니겠어요? 불공정하고 불합리하죠. 이후에 강제 환수할 방법도 없습니다.

한국의희망은 그래서, 국회의원이 형사 기소되면 세비 지급을 전면 중단하거나, 이미 지급한 보수를 환수하도록 하겠습니다. 구속된 경우에는 급여 지급을 제한하고, 판결이 확정된 후에 그 결과에 따라 구제 절차에 따라 지급하는 것이 합리적이라고 생각합니다.

국회의원에게 지급되는 조세 회피성 수당 항목도 없애야 합니다. 현재의 국회의원 보수체계는 유신 시대인 1973년에 국회의원을 전문직에서 명예직으로 전환하며 보수에서 '수당'의 개념으로 변경된 거예요.

국회의원도 하나의 전문 직업인으로 인식하고, 수당에서 보수 체제로 원상 복구해야 합니다. OECD 대다수 국가도 의원에게 보수로 지급하고 있습니다. 현재의 수당제가 갖는 가장 큰 맹점은 입법활동비, 특별활동비 등 실비 변상적 급여로 간주되어 소득세가 과세되지 않는 항목들이 있다는 점입니다. 비과세 소득으로 분류되어 건강보험료 산정에서도 제외됩니다.

매월 정기적, 일률적으로 지급하는 입법활동비와 통상적으로 국회 상임위원회가 개최되지 않아도 국회의원 전원에게 지급하는 특별활동비는 실비 변상적 급여로 보기 어렵습니다. 사실상 소득이죠.

그리고 입법 및 정책개발은 국회의원 본연의 업무인데, 입법활동비, 특별활동비 명목으로 수당을 지급하는 것도 불합리합니다. 중복 지급이라 할 수 있습니다. 일반 직장인에 비해 과도한 특혜라고 봅니다. 입법활동비와 특별활동비, 직급보조비 등 조세 회피성 항목을 폐지하고 기본 급여에 포함시켜 과세 대상 소득으로 전환하는 게 맞습니다.

Q 국회뿐만 아니라 사회 곳곳에 만연된 부패와 특권도 많습니다.
—

양 네. 많죠. 한국은 경제 규모에 비해 행정 청렴와 민주주의 수준
— 이 낮은 걸로 알려져 있습니다. 전 세계 국가들의 민주주의 수준을 조사해 매년 발표하는 대표적인 순위가 있습니다. 영국 이코노미스트지의 '민주주의 지수'인데, 우리나라가 2022년에 24위입니다.

노르웨이, 뉴질랜드, 아이슬란드, 스웨덴, 핀란드가 1위부터 5위를 차지합니다. 조사된 167개국 중 24위를 차지했으면, 괜찮은 것 아니냐 하는 분도 계실 겁니다. 그런데 한국의 이웃인 타이완이 10위입니다. 일본이 16위이고요. 한때 독재 정권이었던 칠레가 우리보다 높은 19위입니다.

더 큰 문제는 8년 전보다 수준이 더 낮아졌다는 것입니다. 2014

년에는 10점 만점에 8.06점을 기록했지만, 2022년 8.03점으로 떨어졌습니다. 왜 민주주의 지수가 올라가지 못하고 순위가 떨어졌을까요? 바로 부패 문제때문이라고 봅니다.

우리나라가 얼마나 부패했냐, 지표를 하나 더 보겠습니다. 세계 투명성기구라고 아시죠? 거기에서 매년 발표하는 부패인지지수(CPI, corruption perceptions index)가 있습니다. 부패가 얼마나 심각하게 인식되고 있는지에 관한 국제 평가입니다.

2022년 부패인지지수 결과를 보니까, 조사된 180개 나라 중 한국이 31위입니다. 100점 만점에 67점입니다. 1위는 덴마크이고, 뉴질랜드, 핀란드, 노르웨이, 싱가포르 순입니다. 아시아에서는 유일하게 싱가포르가 5위예요. 한국은 경제 규모가 세계 10위권입니다. 무역 규모는 7위입니다. 그런데 왜 민주주의 지수는 24위, 부패지수는 31위를 차지해야 합니까? 이 두 가지 지수도 10위 안에 들어야 한다고 생각합니다.

대한민국 부패지수 낮추기

Q 어디까지를 부패로 볼 것이냐? 이 부분을 규정하는 일도 필요할 것 같습니다.

양 저희 당의 최연혁 HK연구원장님이 그러세요. "부패의 학문적 정의는 개인의 이익을 위해 권력을 남용하는 것이다. 한 사람의 이익을 위해 공익이 희생되는 것이다. 세금이 한 푼이라도 사적 이익에 쓰였다면 부패했다고 봐야 한다."

부패 문제의 대표적인 경우가 전관예우입니다. 고위직 관료가 퇴직 후 부당하게 이권에 개입해 자신의 이익을 취하는 경우죠. 법조계, 방송통신계, 건설계, 노동계, 교육계, 환경계 등 분야를 가리지 않습니다.

이를 차단할 한국의희망의 대안이 '공직자윤리법 개혁과 고위공무원 취업격리제도 강화'입니다. 일단 공직자윤리법을 완전히 새롭게 개정해 퇴직일로부터 7년간은 퇴직 전 5년 동안 소속되어 있던 부서나 기관의 업무와 유관한 기관과 기업의 취직을 금지하겠습니다. 지금은 3년에서 5년 정도이고, 예외도 많습니다.

고위공무원 취업격리제도도 강력하게 적용해야 합니다. 그러려면 우선 모니터링이 되어야겠죠? 앞서 말한 '전 국민 인생 3모작 프로젝트'와 연계해서 정부 고위직 퇴직자의 데이터베이스를 구축하겠습니다. 고위직 퇴직자들이 그동안의 경험과 지식을 대학이나 연구소, 평생교육 현장, 방과후 학교 등에서 미래세대와 공유할 수 있도록 하고, 이를 통해 퇴직자 관리도 하는 겁니다. 전관예우가 없도록 말이죠.

국민이 바라는 또 한 가지는 '공공부문의 합리적 구조개혁'입니다. 우리나라 공공기관 수가 350개나 됩니다. 인력은 41만 명이고요. 매년 정부 지출의 18%, 돈으로는 110조 원 이상이 공공기관에 투입됩니다.

경제에 영향이 크죠. 좋은 영향일 리 없습니다. 인원이 너무 많고, 조직이 너무 비대하다는 게 중론입니다. 공공 부문을 '생산성'과 '효율성'을 중심으로 혁신해야 한다고 생각합니다. 정부와 공공기관, 지방자치단체마다 각각 경영 진단을 해서, 중복되는 업무와 기능은 없는지, 또 그로 인해 불필요한 인력이나 예산이 배정되어 있지는 않은지 철저히 점검해야 합니다.

자동화·디지털화가 가능한 부분을 찾아 전환하는 일도 필요합니다. 인력도 수요가 있는 곳 중심으로 재배치해야 하고요. 과도한 상급 간부직 비율을 축소하고, 비교적 구성원이 적은 단위조직은 대부서로 전환해 관리체계를 넓히면서 관리 인력 등도 줄여야 합니다. 목적과 성과가 불분명하고 비용이 많이 드는 해외조직도 축소해야 합니다.

정부의 위원회 역시 혁신 대상입니다. 이름을 열거하지는 않겠지만, 한국에는 일하지 않는 위원회가 너무 많습니다. 부처 내 각종 위원회, 교육훈련기관 등의 현황과 기능을 전수조사하고, 중복되거나 불필요한 조직은 통폐합해야 한다고 생각합니다.

Q 정부의 투명성은 어떻게 보시나요? 인사 시스템이 불투명하다는 비판이 많습니다. 행정 시스템은 어떤가요?

양 인사 시스템은 물론이고, 행정 시스템도 불투명합니다. 국가 행정은 투명성이 기본이고, 거기에 보편성과 전문성이 있어야 합니다. 우선 입찰, 조달 등 모든 공적 의사결정이 투명하게 진행되도록 법제에 빈틈이 없는지 전 과정을 검토하고 제도를 개선해 나가야 한다고 생각합니다.

특히 정책 프로세스가 중요하다고 봅니다. 한국의희망은 정부 정책을 기록하게 하고, 공개하고 하고, 열람하게 하고, 책임지게 할 계획입니다. 이를 위해 정책 실명제를 강화하고 정책 평가제를 시행하려고 합니다.

정책 실명제의 적용 대상은 국민 생활과 기업 활동에 영향을 미치는 모든 분야로 확대하겠습니다. 공적인 결정이 어떻게 이루어지고, 누가 참여했는지 정확히 기록해서 만약 문제가 되거나 부작용이 발생하면 그 책임을 물을 수 있는 시스템을 만드는 거죠.

또, 많은 국민이 분노하는 부분이, 일부 계층의 이익을 키우고 목소리를 대변하는 이권 청탁과 내부거래, 사람 심기, 고용 대물림입니다. 고용정책기본법이 있는데, 정부기관부터 준정부기관, 기업에 이르기까지 동등한 조건에서 공정하게 경쟁할 수 있도록 정비하겠습니다. 자격을 갖추고 묵묵히 준비하는 누군가에게서 희망을 빼앗는 건 가혹한 반칙이라고 생각합니다.

그동안 무자격자가 요직에 앉아 국정을 망가뜨리는 모습을 얼마나 많이 봐왔습니까? 고위공직사회에도 이권 청탁, 깜깜이 인사가 발생하지 않도록 충원 공모제를 제도화해야 합니다.

모든 분야에서 공정하고 투명한 충원 절차와 평가 틀을 갖춰서, 가장 적합한 인사가 가장 적절한 자리에 배치되도록 하는 겁니다. 인사혁신처에서 운영하는 국가인재 데이타베이스를 해외에서 활동하는 교수, 전문가, 국제공무원까지 포함해 재구축하고, 이에 기반한 매칭제도로 인재를 발굴할 계획입니다. 모두가 투명하게 경쟁하는 사회, 배경이 아닌 개인의 능력과 경험이 존중받는 사회가 되도록 하겠습니다.

"예산을 한 푼이라도 낭비하면 국민의 돈을 갈취한 것이다."

스웨덴의 예란 페손 전 총리의 말입니다. 정치인이 청렴하지 않고, 국가행정이 불투명하고 무책임하게 이뤄지면 그것은 도둑질이나 마찬가지입니다. 북유럽국가의 부패지수가 낮은 것은 바로 그러한 인식에서 비롯된다고 생각합니다.

국민의 세금으로 집행하는 모든 활동은 철저하게 밝혀져야 합니다. 목적에 부합되지 않게 사용하거나, 부풀리거나, 사익편취를 위해 세금이 쓰인 어떤 행위라도 발본색원해야 합니다.

그러려면 감사원의 역할이 중요합니다. 감사원이 제대로 된 감사 역할을 하기 위해서는 객관성과 공정성이 생명인데, 이는 정치에 휘둘리지 않는 중립성과 독립성이 보장되어야 합니다.

감사원은 행정부를 감시하는 역할입니다. 그런데 현재는 감사원이 행정부의 수반인 대통령 소속으로 되어있고, 행정부와 너무 가까이 있어요. 한국과 같은 강력한 대통령제 국가에서는, 대통령이 주력하는 정책은 또 제대로 감사를 하지 못 합니다.

감사원이 행정부와 국회의 영향으로부터 완전히 벗어날 수 있도록, 독립기구화를 추진할 계획입니다. 과거부터 감사원의 국회 이관 논의는 있었습니다. 그러나 감사원이 국회로 오면, 이 역시 국회 다수당의 영향을 받을 수 있습니다.

감사원의 독립성을 완전히 보장하려면 독립 기구화하는 것이 유일한 방안이라고 봅니다. 독일의 연방회계검사원, 프랑스의 회계 법원과 같이 감사원을 구성하는 이들에게 판사와 같은 독립성을 보장하고 신분도 보장해서, 자타공인 독립기관으로 감사원이 자리 매김할 수 있게 하겠습니다.

기후 위기 문제도 한국의희망이 앞서간다

Q 얼마 전 민주당에서 총선 영입 인재 1호로 환경 분야 전문 변호사를 영입했습니
—
다. 당시 양향자 대표님이 환경부 출신인 한국의희망 김법정 사무총장과 민주당 영입

인사가 일대일 토론을 해보는 게 어떠냐고 제안하셨죠.

양 네. 우열을 가려보자, 이런 뜻은 아니었고요. 정치 신인이지만
—
환경 쪽으로 경험이 풍부한 두 사람이 국민 앞에서 토론하면 좋겠

다고 생각했습니다. 환경 문제, 기후 문제, 에너지 문제가 얼마나

중요합니까? 정치권에서는 이렇게 중요한 문제를 관련 전문가 영

입 정도로 풀려고 해요.

사람도 중요하지만, 정책이 뭐고 비전이 뭔지, 우리가 당장 접근

해야 하고 풀어야 할 문제가 뭔지 공론장에서 얘기해야 한다고 생

각했습니다. 우리 김법정 사무총장님은 행정고시 36회로 환경부 기획조정실장을 지낸 환경 정책 전문가입니다. 환경부 재직 당시 청와대의 반대를 무릅쓰고 영흥 7, 8호기 포스코 석탄발전소 백지화를 끌어내는 등 미세먼지, 탄소, 기후 위기와 맞서 싸운 분이에요.

김 사무총장님과 오랫동안 기후 위기, 에너지 문제 등에 관해 얘기했어요. 토론도 많이 했고, 배움도 많았습니다. 석 달 정도 함께 준비해서 지난 11월에 '기후위기시대, 탄소중립 녹색대전환 7가지 약속'이라는 이름으로 한국의희망 릴레이 정책발표를 했습니다.

우선 진단을 해볼게요. 어떤 문제든, 진단이 있어야 전략을 세우고 실행책을 마련할 수 있으니까요. 한국은 기후 분야 대응 수준이 매우 낮습니다. 지난 2016년 기후행동추적(CAT)에서 한국을 사우디, 호주, 뉴질랜드와 함께 기후 악당(Climate villain)으로 명명하기도 했습니다. 7년이 지난 지금도 크게 나아지지 않았습니다.

Q 기후 악당 국가라니 충격이네요. 한국은 1995년부터 '쓰레기 종량제'도 시행한 나라 아닙니까?

양 저도 마찬가지로 충격받았습니다. 전 세계 온실가스 배출의 90% 이상을 차지하는 60개국을 대상으로 2023년 기후변화성과지수(CCPI)를 조사했는데, 한국이 꼴찌 수준이었답니다. 지난해에도 그랬대요. 우리보다 나쁜 평가를 받은 나라는 중동 3개국, 카자

흐스탄, 사우디, 이란뿐이라는 겁니다.

이상하죠? '2050년 탄소중립'을 선언하고 '2030년까지 온실가스 40% 감축'이라는 담대한 목표를 내놨는데도, 왜 한국이 최하위 수준일까요? 결론은 화석연료, 즉 석탄과 천연가스에 대한 과다한 의존, 그리고 OECD 최하위 수준인 재생에너지 때문입니다.

탈탄소 경쟁력이 국가경쟁력이라고 합니다. 글로벌 기업의 RE100(재생에너지 전기 100%), 지구촌 금융 큰손들의 ESG(환경, 사회, 지배구조) 그리고 탄소국경조정세(CBAM) 등 세계가 탈탄소를 점점 더 중시하는 분위기가 되어가고 있습니다.

예를 들어볼게요. 2022년 삼성전자가 RE100에 가입했습니다. 애플이 반도체 납품업체에 RE100을 요구했고, 안 따르면 다른 업체로 거래처를 옮길 수도 있었거든요. 또 하나의 예로, 세계 3대 연기금 운용사인 APG라는 회사가 있습니다. 우리 한전이 ESG에 역행하는 해외 석탄발전에 투자한다고 APG에서 투자액 전액, 약 6000만 유로 규모의 지분을 매각했어요.

또 하나의 위기는 유럽연합(EU)이 주도하는 탄소국경조정세의 시행입니다. 이게 2026년부터 본격 시행되면 포스코 등 국내 철강 산업에 적잖은 타격이 예상됩니다.

Q 네, 그렇다면 한국의희망이 가지고 있는 대책은 구체적으로 어떤 것들입니까?
—
앞서 말씀하신 '기후위기시대, 탄소중립 녹색대전환 7가지 약속'의 세부 정책을 좀 더

상세히 설명해 주시죠.

양   첫 번째, 조직입니다. '2030년 온실가스 40% 감축' '2050년 탄소중립', 이런 비전은 하나의 정부가 다 할 수 있는 일이 아닙니다. 2050년이면 6개 정부가 이어달리기하듯 계승하고 또 계승하며 꾸준히 진행되어야 합니다. 여야도 없고, 진보·보수도 없는 문제입니다.

그런데 '2030년 40% 감축'을 위해서 현 정부가 내놓은 목표는 임기 중 2%씩 감축이에요. 차기 정부 3년간은 9.3%씩 감축하도록 해놨어요. 짐을 다음으로 떠넘기는 거죠.

그래서 대통령 직속 기후대응 컨트롤타워와 기후-에너지 통합부처가 있어야 한다고 생각합니다. 한국은 사회적 재난이었던 미세먼지 문제에 성공적으로 대처한 경험이 있습니다. 이 사례를 벤치마킹해서 현행 '탄소중립녹색성장위원회(총리/민간 공동위원장, 간사 국무조정실장)'를 '국가기후환경회의(반기문 위원장)'와 같은 대통령실 주도 독립기구로 조정하고, 이를 여야가 합의 추대한 민간 위원장 아래 관계부처 장관, 여야 국회의원, 전문가들이 함께 참여하는 범정부 컨트롤타워로 삼아야 합니다. 여기에 약 500명 정도의 국민정책 참여단도 포함시키겠습니다.

또한, 기후위기 해결의 관건이 에너지 전환이기 때문에 환경부 기후업무와 산업부 에너지 업무를 통합한 부처 개편으로 기후-에너지 시너지효과를 극대화하겠습니다.

두 번째, 산업입니다. '배출권거래제' 선진화와 한국판 '탄소차액계약제'를 시행하는 겁니다. 2015년 도입된 배출권거래제는 국내 온실가스 배출량의 70%를 커버합니다. 그러나 느슨한 총량 설정과 낮은 유상할당률(10%)로 산업계의 자발적 감축을 유도하는 데 역부족이었습니다.

향후 EU 주도의 탄소국경조정세에 대비해서, 탄소누출(Carbon Leakage) 위험이 없는 전환 부문을 중심으로 배출권거래제의 유상할당률을 현행 10%에서 대폭 상향해야 합니다.

아울러, 온실가스 감축을 위한 혁신적 기술이지만 초기 감축 비용 부담이 큰 핵심 제조기술이 있습니다. 예컨대 수소환원제철, 소각재로 시멘트 클링커 생산, 바이오플라스틱 등인데요.

이런 분야에 대해서는, 기업의 한계감축비용이 배출권 시장가격을 초과하는 차액만큼 정부가 지원하는 독일의 탄소차액계약제(CCfD)를 시행하겠습니다. 재원은 2조 원 규모의 기후대응기금을 활용합니다.

세 번째는 발전입니다. 한국의 재생에너지 발전비율은 7.5%밖에 되지 않습니다. OECD 평균의 1/4수준이고, 가까운 일본의 20%, 중국의 30%와 비교해도 현저히 낮아요. 제10차 전력수급기본계획(2023년 1월)에서 하향조정(30.2%→21.6%)된 2030 재생에너지 보급목표를 30% 이상으로 다시 정상화하겠습니다.

국민들께서 원전에 관심이 많으실 텐데요. 원전은 재생에너지와 함께 무탄소 전원의 양대 축입니다. '2050 탄소중립'으로 가는 중요한 과정이기도 하고요. 그래서 한국희망은 2030년 원전 비중을 30% 내외로 유지하되, 원전의 안전성 기술개발 R&D(사고저항성 핵연료, 원전 해체기술 등)를 강화하겠습니다.

수십 년째 답보상태인 고준위 핵폐기물 최종처리장 선정도 반드시 해결하려고 합니다. 서둘러야 합니다. 지금 부지를 선정해도 완공까지 37년이나 소요되는 장기사업이기 때문입니다.

탄소 중립·녹색 대전환으로 미래 대비

양 네 번째, 전기입니다. 탈탄소 과정에서는 건물, 산업공정 등 많은 분야에서 에너지 사용의 전기화(electrification)가 진전되기 마련입니다. 그러나 우리의 전기요금은 '콩보다 싼 두부'라는 말처럼 기후-환경비용은 물론, 연료비 원가조차 제대로 반영하지 못합니다. 그래서 에너지 절약도 안 되고 효율 향상도 안 되고, 기업의 재생에너지 사용 유인도 안 됩니다.

그래서 우선 원가연동형 전기요금제를 시행하려고 합니다. 연료비와 기후-환경비용을 제대로 반영해야 하고 이를 위해 현행 전기위원회를 독립적 기구로 운영하는 겁니다.

전기요금의 급격한 인상을 막기 위해서는 전력산업기반기금을 활용한 가격 완충이 필요합니다. 가격상한제를 설정하는 거죠. 그리고 에너지 복지 차원에서 저소득층 에너지 바우처 제도도 병행하겠습니다.

다섯 번째는 순환 경제입니다. 전 세계 온실가스의 약 45%가 물질의 생산, 소비, 폐기 과정에서 발생합니다. 탄소중립을 이루려면 에너지 전환 못지않게 순환 경제가 필수적입니다. 최근 1인 가구가 점점 늘고, 음식 배달 등도 폭증하면서, 1회용품과 포장재 사용량이 급증했잖아요.

2024년까지 UN 주도 플라스틱 협약이 체결될 전망입니다. 우리도 플라스틱 재질의 1회용품과 플라스틱 포장재에 대한 전 생애 주기(생산, 유통, 폐기) 감량화와 재생 연료 사용을 강화하겠습니다. 또한 폐플라스틱의 열분해 처리하고 버리는 가전제품의 유가금속 회수를 촉진해서, 도시유전과 도시광산으로 재탄생하게 하겠습니다.

여섯 번째, 전환입니다. 정확하게 말하면, '정의로운 전환'입니다. 탈탄소 사회로 이행하는 과정에서는 석탄발전과 탄소집약산업을 중심으로 불이익을 받는 지역이나 집단, 노동자가 생길 수밖에 없습니다. EU처럼 '정의로운 전환기금(약 57조 원)'을 마련해서 산업계의 구조조정, 그리고 원래 일하는 분들의 전직, 일자리 찾기를 돕겠습니다.

또한, 기후 위기가 심해지면서 집중호우와 홍수, 폭염, 가뭄 같은 이상 기상이 일상화되어 국민 피해가 큽니다. 홍수와 가뭄 피해에 대비한 빗물 저류시설 등 도시 맞춤형 치수 인프라를 구축하고, 피해에 대해서는 신속하게 구제하도록 하겠습니다.

마지막 일곱 번째, 동북아 협약입니다. 동북아 최초로 '미세먼지-기후변화 공동대응 협약'을 추진하겠습니다. 미세먼지와 온실가스의 주원인은 에너지 연소입니다. 그 영향권도 특정 지역이나 국가를 넘어섭니다. 그래서 동북아지역은 '호흡공동체'라고 부릅니다. 공동대응하자는 겁니다.

유럽의 CLRTAP(장거리 월경성 대기오염협약) 등을 참고하고, 한 발 더 나아가 대기오염, 기후변화에 통합적으로 대응하는 동북아 협력체계를 구축하겠습니다.

지난 2019년 한국이 제안해서 채택된 최초의 UN 기념일이 있습니다. '푸른 하늘 맑은 공기의 날'입니다. 매년 9월 7일인데, 이날을 동북아협력 플랫폼으로 활용하면 좋겠습니다.

Q 당 차원에서 기후 위기를 매우 심각하게 생각한다는 게 느껴집니다.

양 2019년 프란치스코 교황님이 반기문 위원장에게 이런 말을 했다고 합니다.

"신은 항상 용서하고(God always forgives), 인간은 가끔 용서하지만(Man sometimes forgives), 자연은 절대 용서하지 않는다(But nature never forgives)."

기후 위기 대응은 당장, 지체 없이 해야 할 일입니다. 미래를 준비하는 정당이라면, 기후 문제, 환경 문제를 중요하게 다루는 게 맞습니다. 양당도 이런 철학과 공감대가 있길 바랍니다. 정치의 중요한 역할이 미래 준비입니다. 당장 선거에 이길 생각만 하지 말고요.

탈탄소 사회는 이제 선택이 아닌 필수입니다. 기후 위기를 비용 상승 요인으로만 볼 것이 아니라, 산업경쟁력을 높이고 일자리를 창출하고 에너지 자립을 이룩할 기회로 활용해야 합니다.

에너지 독립은 꿈이 아닙니다. 한국은 에너지 수입이 93%인 나라인데, 만약 우리의 햇볕과 바람을 이용하여 에너지를 자급자족할 수 있다고 생각해 보세요. 기후 위기는 빨리, 제대로 대응하면 더 이상 위협이 아니라 축복이 될 수 있습니다.

수어통역사님이
가장 뿌듯해하는 정책 정당

Q 양 대표님을 통해 한국의희망의 정책 비전을 들으니 상당히 준비가 잘되어 있다는 생각이 듭니다. 많은 국민에게 알려지고 다음 총선에서 중요한 선택지가 되길 바랍니다. 신당 세력 중에는 이렇게 정책 비전이 뚜렷한 분들이 없는 것 같습니다.

양 건방진 얘기 같지만, 제3세력도 그렇고, 민주당, 국민의힘도 그렇고 뚜렷한 비전을 가진 정당이 안 보입니다. '우리는 나라를 이렇게 이끌겠다' '우리의 대표 정책은 뭐다' 자신 있게 말하는 정당이 거의 없습니다.

자, 민주당의 비전이 뭡니까? 떠오르는 게 있습니까? 어떻게 국가를 운영한다고 합니까? 윤석열 대통령은 어때요? 그분의 비전은 무엇입니까? 어떤 국가적 목표를 내세웁니까?

Q 그러고 보니, 여야는 물론 정부마저도 비전이 뚜렷하지 않네요.

양 한국의희망이 10월부터 주 1회 정도 정책을 발표한다고 했잖아요? 국회 소통관에서 하는데, 얼마 전 제 옆에서 수어를 하시는 분이 그렇게 저희를 반기세요. 회견문이나 성명 등을 낭독하면 수어로 통역을 해주시는 분(수어통역사) 있잖아요. 그분이 그래요. "소통관에서 이렇게 정책과 대안을 발표하는 분들이 드물어요. 상대방을 공격하는 경우가 많아요. 거친 말을 통역하다가 한국의희망 정책을 전하니 너무 보람됩니다."

Q 공감합니다. 무척 뿌듯하셨겠습니다.

양 네. 정말 코끝이 찡했습니다. 사실 싸우고 갈등하는 정치 뉴스가 하도 많으니까 정책 뉴스는 눈에 잘 안 보이잖아요? 뉴스화되는 경우도 상대적으로 적고 비중도 크지 않습니다. 더 자극적인 내용으로 발표해야 하나, 우리도 누군가 적을 상정해서 강하게 싸워야 하나, 그런 유혹이 생기기도 하죠.
그래도 뚜벅뚜벅 우리 길을 가자, 그렇게 생각했습니다. 국민이 바라는 대안 정당, 준비된 정책 정당, 미래 정당의 모습을 보여주자, 우리가 성실히 준비하고 하나하나 내놓으면 언젠가는 알아주겠지, 그런 바람이었죠.

그렇게 몇 주가 지나니 많은 사람은 아니어도 몇 분들이 듣고 칭찬을 해주고, 응원해 줄 때가 점점 많아져요. "야, 제대로 하는 정당은 한국의희망 밖에 없네!" 이렇게 얘기해 주는 분도 있고요.

그런 와중에 수어를 하시는 분이 그렇게 우리 진심을 알고 칭찬을 해주니 마음이 울컥할 수밖에요. 아, 다 듣고 있구나, 알고 있구나, 국민이 계속 지켜보고 있구나, 더 열심히 준비해야겠다, 그런 다짐을 하게 됐습니다.

창당발기인인 철학자 최진석 교수님이 그런 말씀을 하셨어요. 한국의 정당은 비전을 먼저 세우고 사람을 모으는 게 아니라 사람을 먼저 모으고 비전을 세운다고요. 그 비전은 모인 사람들이 가장 하고 싶은 일이거나, 시대가 정말 바라는 일이 아니라, 유권자에게 표를 얻기 좋은 일, 선거에서 유리한 일이라고요.

사실 정치권에 그런 경우가 많죠. 선거를 목적으로 삼는 모임 말이죠. 최 교수님은 2020년 대선에서 안철수 후보의 선대위원장을 맡아 돕기도 했는데, 그렇게 정치와 선거를 경험하면서 한국 정치의 현실을 조금 보셨던 거 같아요. 그러면서 '이건 아니다' 싶으셨던 거죠. 그래서 '다시는 그러지 말자. 정치를 바꿔야 한다.'며 한국의희망 창당을 이끄셨어요.

그런 말씀을 새기면서, 혹여 저희도 지금 그런 안 좋은 길, 국민에게 도움이 되는 않는, 우리만 편한 길을 가려고 하는 것은 아닌지 돌아보게 됩니다. 한국의희망의 정책연구소장인 최연혁 교수님 생각도 마찬가지예요. 한국을 바꿀, 미래를 바꿀 방법론, 우리의 고민으로 승부를 보자는 거죠. 정책연구소장으로서 진정한 '정책'을 만들어 제시하고 그걸 가지고 국민과 충분히 토론해보고 싶다는 말씀을 자주 하십니다.

얼마 전 한 언론에서 한국의희망을 이렇게 인정했습니다. 앞으로 한국의희망을 알아주는 언론과 국민이 점점 더 많아질 겁니다.

과거와 달리 지금은 신당을 창당하는 작업이 녹록지 않다. 창당발기인 200명 이상을 모아 창당준비위원회를 설립해야 하고, 최소 5개 이상의 시·도당을 창당해 각 1000명 이상의 세력을 결집해야 한다. … 인원을 모아 당의 외견을 갖추는 것보다 더 중요한 것은 정당의 비전 확립이다. 양향자 의원이 창당한 한국의희망은 비교적 긴 시간 준비를 통해 창당에 성공했는데, 이들은 인원 모집보다 당이 나아갈 비전을 정리하는 데 많은 시간을 할애한 것으로 전해진다. 정당의 비전은 '우리 당이 국민에 어떤 모습을 보여줄 수 있는가'이니, 제정에 많은 시간이 드는 것은 어찌 보면 당연하다. … 총선의 방향성은 민생으로 귀결돼야 한다. 총선만을 바라본, 또 당선만을 바라본 급조 정당은 국민 기만임을 명심해야 할 것이다. (매일일보, 2023년 12월 14일)

4부

수말스런 아이의 세계 제패기

역경이 경력이 되고,
수고를 해야 고수가 된다

Q 양향자 대표님은 정치 입문 전 '고졸 여성 출신 삼성의 성공 신화'로 대중에게 알려졌습니다. 기사를 보니까, "학력, 성별, 지역을 극복해 삼성 임원이 된 입지전적 인물"이라는 소개도 있었습니다. 성공의 비결의 뭘까요?

양 일단, 제가 성공한 사람인지는 잘 모르겠습니다. 정치계에서는 아직 성장 중이고요. 다만 제가 고졸로 입사해서 삼성 임원이 될 수 있었던 것은, 첫째는 운이 좋았고요. 좋은 분들을 많이 만났죠.

둘째는 긍정적인 성격인 거 같아요. 낙관주의자예요. 기 안 죽고 포기 안 하고 뭐든 열심히 하는 성격이거든요. '근자감'이라고 하죠? 근거 없는 자신감이라는 뜻인데, 저는 근거가 '있는' 자신감이었습니다. 남보다 더 준비하고 공부하고 결국 해냈으니까요.

셋째는 제가 부지런한 편입니다. 예전부터 저는 잠자는 시간도 아까웠습니다. 세상에는 할 게 너무 많고, 배울 것도 너무 다양하잖아요? 요즘도 다섯 시에 일어나서 운동하고 아침 먹고 책 보고, 우리 의원실 사람 중에 가장 일찍 출근합니다. 아, 물론 보좌진들에게는 일찍 나와야 한다는 부담이나 눈치 안 주려고 노력합니다.

저는 "역경이 경력이 되고, 수고를 해야 고수가 된다."는 말을 좋아해요. 세상 이치가 다 그렇지만 고생하면 꼭 보답이 오고, 열심히 노력해야 실력이 쌓이는 거더군요.

Q 여러 가지 한계를 극복했으니, 남들보다 몇 배 더 열심히 살았을 거라는 짐작은 갑니다. 처음 상고를 졸업하고 입사했을 때 얘기를 해주시겠어요?

양 그때가 열아홉 살이었습니다. 세상에 튕겨져 나왔다는 말이 맞겠죠. 아버지는 일찍 세상을 떠나셨고, 엄마는 과자공장을 다니며 두 남동생을 돌봐야 했으니까요. 그렇게 취직한 곳이 기흥의 삼성전자 반도체였습니다.

가보니까 사무실에 고졸은 저 하나뿐이었어요. 여자도 저 하나뿐이었고요. 대학 졸업자는 기본이고, 유명한 외국대학에서 유학하고 온 박사들도 많았습니다. 기가 죽죠.

제 첫 직책은 말단 '연구원보조'였어요. 말 그대로 연구원을 보조하는 일이죠. 맡겨진 업무는 연구원들이 스케치해 놓은 반도체

회로를 도면에 옮겨 그리는 일 등이었습니다. 복사하고, 청소하고, 선배들 재떨이 갈고, 커피 타는 잡일까지…. 저는 제 책상도 따로 없었습니다.

단순했지만, 업무는 나름 힘들었어요. 저하고 비슷한 처지의 고졸 신입들은 고된 일을 못 견디고 1~2년만에 집으로 돌아가는 경우가 많았습니다. 강도 높은 업무보다 힘들었던 건 대졸 직원들의 은근한 멸시였어요.

"네가 하는 일은 국민학생이 발로도 그릴 수 있어."

선배들은 대놓고 저에게 그렇게 말했어요. 한 사무실에서 같이 지냈지만, 마치 물 위의 기름방울처럼 겉돌았습니다. 선배들이 외국어로 업무 얘기를 할 때, 대학의 추억을 나눌 때, 군대에서 축구한 얘기를 할 때 나란 존재는 그곳에 없는 거나 마찬가지였습니다.

회의 시간에도 저는 부르지 않았어요. 지금 제 성격을 봐서 알겠지만, 얼마나 그 사람들 사이에 끼고 싶고, 또 배우고 싶었겠어요? 그런데 제가 살짝 회의실에 발이라도 들여놓으면 다들 한마디씩 했죠. 그때 제 호칭이 '미스양'이었는데, 선배들이 이렇게 핀잔을 줘요. "야, 미스양이 왜 들어와?" "넌 들어도 몰라."

Q 멸시와 차별이 힘들었겠습니다. 어떻게 이겨내셨어요?

양 내 나름의 방식으로 돌파했죠. 첫 번째 에피소드는 제가 제 책상을 '쟁취'해낸 사건입니다. 당시 연구원들은 각자 ㄱ자 모양의 책상에 앉아 일했습니다. 넓고 멋진 책상이었습니다. 그런데 저는 따로 책상을 안 줘요. 앉을 자리가 마땅치 않으니까, 이 자리 저 자리 메뚜기처럼 떠돌면서 일을 했습니다.

입사했다가 금세 그만두는 사람이 많아서인지, 선배들은 제 책상이 없다는 게 문제인지도 모르는 분위기였습니다. 처음 며칠은 참았어요. 그런데 생각할수록 화가 나는 거예요. 그러다 터졌죠.

양 어려서부터 제가 자존심이 강했습니다. 대학 진학을 안 해서 그렇지, 공부도 잘했거든요. 몇 해 전 개봉한 한국 영화 「삼진그룹 영어토익반」을 보면 그런 장면이 나와요. 1990년대 초반 대기업을 무대로 한 영화인데, 주인공들이 고졸 여직원들입니다.

영화에서는 그들을 모아놓고 누군가가 뭔가를 가르치는 장면이 나오는데 강사가 최대한 쉽게 말하려고 하니까, 여직원 중 한 명이 딱 부러지게 말하죠. "우리 다들 공부 잘했던 사람이니까 하던 대로 설명하세요."라고. 고졸이긴 했지만, 다들 자기 역량에 대한 자부심이 있었습니다.

저 역시 마찬가지였습니다. 광주여상 출신이라는 자부심이 있었습니다. 사무실에서 벌어지는 그따위 차별을 이해할 수 없었습니다. 오기가 생겼죠. 참나, 대학 나온 게 뭐 별거라고, 일이야 배우면 되지, 가르쳐주지도 않고 바보 취급을 하나… 그런 불만이 조금씩

삼성전자 입사 초기에 사무실 책상 앞에서

쌓여가다가 어느 날 울컥해진 거예요. 못 참겠더라고요.

당시 팀의 리더를 찾아갔습니다. 그분은 임형규 차장님이었습니다. 임 차장님은 서울대 전자공학과와 한국과학원(카이스트의 전신)을 거쳐 미국 플로리다대학에서 박사과정을 하신 분이었습니다. 팀 내 최고의 엘리트이자 에이스였습니다.

참고로 그분은 훗날 삼성전자 신사업팀장 사장님을 거쳐 SKT로 자리를 옮겨 ICT 기술·성장총괄 부회장을 지냈습니다. 임형규 부회장님은 제가 더불어민주당에서 반도체 특위를 이끌 때, 국민의힘에서 반도체 특위 위원장을 할 때도 도와주셨어요. 제가 부탁을 하니까 두말하지 않고 자문위원을 해주셨어요.

한국 반도체계의 살아있는 역사입니다. 저에게는 둘도 없는 선배이자 멘토이자 선생님입니다. 지난해 저와『히든 히어로스』라는 책도 같이 냈습니다.

"저는 왜 책상이 없어요?"

붉으락푸르락해진 나를 잠시 바라보더니 임 차장님이 고개를 쓱 돌리며 말해요.

"여기 누가 간이 책상 하나 놔줘라."

그렇게 제 책상이 생겼습니다.

아직도 임 부회장님은 저를 만나면 그때의 얘기를 합니다. 저는 서러움으로, 그분은 당돌함으로 기억하죠. 이후 뭔가 느낀 게 있었는지, 차장님만큼은 나를 조금은 사람 취급을 해주셨어요.

"앞으로 미스양도 회의에 들어와. 몰라도 들어."

임 차장님은 이후로 저를 회의실에 불러들였습니다. 회의실 앞에서 우물쭈물하고 있으면 손짓으로 저를 불러서 옆자리를 내주시곤 했죠.

제가 그분께 인정받은 또 하나의 사건이 있어요. 임 차장님은 일본이나 미국의 연구자들, 교수들과 자주 서신을 주고받았습니다. 외국에서 출간되는 책이나 논문을 읽고 신기술을 알고 있는 연구자들이랑 바로바로 소통했죠. 부러웠습니다.

시간이 얼마나 지났을까? 하루는 임 차장님이 종이에 무언가 휘갈겨 놓고 "누가 정리 좀 해줘."라며 자기 책상에 던져놓고 나갔습니다. 영어로 된 메모를 편지 양식으로 타이핑해 달라는 뜻이었습니다. 당시는 개인컴퓨터도, 인터넷도, 이메일도 없었죠. 국제우편으로 편지가 오가던 시절이었습니다. 영어 타자에 익숙하지 않았던지, 차장님의 필체를 해독하기 어려웠던지 선뜻 나서는 사람이 없었습니다.

제가 슬금슬금 가서 메모를 집어 들었습니다. 상고에서 타자와 부기, 주산 등을 배웠잖아요. 영어 타이핑도 제법 잘했거든요. 모르는 글씨는 주위에 물어물어 양식에 맞게 영문 편지를 완성했습니다.

임 차장님이 돌아오더니, "누구야?" 그래요. 편지를 머리 위로 들어 올리면서요. 다들 나를 바라봤죠. 어리둥절한 내 얼굴과 편지를 번갈아 보더니 한마디 하세요.

"야, 이 친구 물건이네!"

입사 후 처음 듣는 칭찬이던 거 같아요. 지금 생각해도 짜릿한 말입니다. 아마 그 말 한마디가 팀에 섞이지 못하고 겉돌던 저를 확 끌어안아 준 것 같아요. 아, 나도 할 수 있구나, 나도 이곳에 뭔가 기여할 수 있구나…. 가슴이 뿌듯했죠.

아마도 그때가 미지의 세계, 타인의 세상이었던 메모리설계팀이 드디어 나의 세계가 되는 순간이었던 거 같습니다. '반도체맨 양향자'로 거듭난 날이 아니었나 싶어요.

해결사로 불리던 수말스런 아이

Q 재미있는 이야기입니다. 어려서부터 당차고 야무진 성격이었나요?

양 엄마 말씀을 들어보면, 저는 어려서도 어른스러웠다고 해요. 제 고향이 전남 화순군 이양면 쌍봉리입니다. 그 동네 말에 '수말스럽다'라는 사투리가 있는데, 어른스럽다, 의젓하다는 뜻이에요. 엄마는 제게 "넌 어려서 수말스러웠다."고 하세요. 아마 아픈 아빠와 고생하는 엄마를 보고 자란 큰 딸이라 그런 성격이 되지 않았나 싶습니다.

조그마할 때부터 집안일을 많이 했어요. 집이 어려워서도 그랬고, 그 시절 분위기가 어린아이도 집안일을 제법 많이 거들었어요. 제가 어릴 때 엄마는 쌀장사도 하셨는데, 광주로 쌀 팔러 갈 때 실어 놓은 쌀자루에 앉아 꾸벅꾸벅 졸면서도 따라가서 도와드렸고, 밤에는 엄마가 부업으로 목화송이 씨 빼는 일을 할 때 옆에서 칭얼대는 동생들을 돌봤죠. 누가 시킨 것도 아니었습니다.

동네 어른들도 저를 보고 "겁나게 수말스럽네." 하면서 칭찬을 많이 했습니다. 그분들이 보시기에는 제가 약간 애늙은이 같았었나 봐요. 동네에서 우는 아기들을 다 안아주고, 싸우는 아이들을 뜯어말리고, 궂은일도 시키는 대로 잘했다고 해요.

초중고에 다닐 때도 해결사 노릇을 많이 했어요. 학교에 연구수업 같은 게 있으면 제가 가장 먼저 발표했어요. 선생님이 일부러 저를 시키기도 했고요. 아무도 안 나서는 때가 있으면 제가 한다고 했고, 심지어 소풍 가서 아무도 장기 자랑 시간에 안 나서면 제가 나갔어요.

저는 그렇게 무슨 일이 있는데 아무도 안 나서는 것을 못 참아요. 직장 생활을 할 때도 누군가 표정이 안 좋으면 사정 얘기 들어주고 다독여 주는 게 제 몫이었어요.

당찼다고 할까, 무모했다고 할까, 어릴 때 이런 에피소드도 있어요. 고등학교 때인가, 하루는 선생님이 저를 불러요. 납부금이 밀렸으니 내라는 거였습니다. 선생님도 저희 집안 사정을 아시니까 조심스럽게 말씀을 하셨어요. 그런데 집에 돈은 없죠. 어디서 용기가 났는지 선생님께 이렇게 말씀을 드렸어요.

"선생님. 죄송한데, 집에 돈이 없습니다. 일단 선생님이 빌려주시면 금방 갚겠습니다."

선생님이 기가 차서 바라보시더니, 짠했던 건지 믿었던 건지 진짜로 돈을 빌려주셨어요. 감사했죠. 아, 이제 갚아야 할 텐데, 엄마에게는 도저히 말씀을 못 드리겠더군요.

엄마도 마음에 걸리는 게 있으셨는지 저에게 물으세요.

"니 납부금 낼 때가 안됐냐?"

제가 그랬죠.

"내가 알아서 할게."

아마 엄마는 얘가 뭔 소리를 하나 싶으셨을 거예요.

돈을 갚기 위해 제가 무엇을 했느냐, 일을 했습니다. 지금은 흔적 정도만 남아 있지만, 당시 화순에는 시멘트 공장과 광산이 있었습니다. 거기에 찾아가서 무작정 일을 시켜달라고 했죠.

그분들이 받아주나요? 그 거친 일을. 그냥 집에 가라고 하죠. 할일 없다고요. 제가 계속 조르니까 마지못해 일을 시켜줬는데, 어린 여자애라 거친 갱도에는 못 들여보내고 공사장 여기저기 돌덩이 같은 걸 치우는 간단한 일을 시켜줬어요. 그런데 그렇게 간단하지는 않았습니다. 손도 여기저기 다쳤고요.

그렇게 며칠 일을 해서 돈을 벌어서 당당하게 선생님 돈을 갚았습니다. 얼마나 기쁘던지. 그 후로는 장학금 제도 혜택을 받아서 납부금을 걱정은 안 해도 됐지만, 시멘트 공장 알바는 종종 했어요. 동생들 용돈도 주고 나름대로 보람이 있었습니다.

그런데 엄마가 제가 일한다는 걸 알아버렸어요. 동네 이웃분이 귀띔을 해준 거죠. 지금에 와서는 웃고 얘기하는 추억거리이지만, 엄마는 그날 내 손을 잡고 많이 우셨어요. 많이.

Q 열아홉 살 딸을 도시로 떠나보낼 때, 어머니가 많이 마음 아프셨겠네요.
—

양 졸업도 하기 전에 취직하러 떠나던 날이었습니다. 1985년 11
— 월 25일이었어요. 며칠 전부터 짐을 챙기는데, 도시에 가져갈 옷이 별로 없었어요. 그나마 이쁜 옷은 그 전에 자주 입어서 다 해지고 요. 그래도 쓸만한 옷들을 몇 벌 가방에 넣고, 잠을 자려는데 잠도 안 와요.

아침에 얼굴이 부어서 찬물로 세수하고 엄마와 함께 광주 버스 터미널로 갔습니다. 둘 다 말이 없었어요. 플랫폼에 한참을 앉아 있다가, 차 시간이 되어 일어나려는데 엄마가 주머니에서 꼬깃꼬 깃 뭔가를 꺼내세요.

"자, 전 재산이다."

3만 원이었습니다. 평소 같았으면 됐다고, 알아서 한다고 했을 텐데, 그때는 거절할 수가 없더라고요. 버스에 타서 그 돈을 손으 로 쫙쫙 펴면서 울었습니다. 버스 창문 너머로 엄마가 손을 흔드는 데, 또 눈물이 났습니다. 초겨울 새벽 창문에 이슬이 맺혔는데, 엄 마 눈물 같았어요. 그 뒤로 지금까지 저는 단 한 번도 엄마에게 돈을 받지 않았습니다.

Q 아버지는 어떤 분이셨나요?

양 아버지 별명이 '완행양반'이었어요. 양반, 학자가 어울리는, 조용하고 점잖은 성품이었습니다. 아버지는 저에게는 '산' 같은 분이었어요. 너그럽고 시골 분답지 않게 품위 있고, 자식들에게나 엄마한테도 따뜻하게 대해주셨던 기억이 있어요.

그런데 아버지는 몸이 약하셨습니다. 특히 폐가 안 좋으셨습니다. 제 기억 속 아버지는 늘 누워계시던 모습이었습니다. 집안에는 아버지가 쓰시던 주사기가 늘 있었습니다. 그 시절에는 주사기도 귀해서 일회용인데도 몇 번을 삶아 다시 쓰곤 했거든요.

아버지는 제가 고1 때 돌아가셨어요. 중3 어느 날, 방에 누워계시던 아버지가 나를 불러요. 들릴 듯 말 듯 탁한 목소리로 저에게 가족을 부탁하셨어요. 그때 저는 엄마랑 할머니, 남동생 둘하고 같이 살았습니다.

"미안하다. 향자야. 아버지가 오래 못 살 거 같다. 엄마랑 할머니랑 동생들 잘 부탁한다."

제가 그때 어렸지만, 그게 아버지 유언이라는 생각이 들었습니다. 큰 딸이기도 하고, 어른스럽기도 해서 믿음이 갔는지 아버지는 그렇게 저에게 가족들을 부탁했어요. 눈물이 왈칵 나왔지만, 평소

성격대로 답을 했죠.

"아빠. 걱정하지 마세요. 제가 다 알아서 할게. 알아서 할게."

다음 날이 고등학교 원서를 내는 마지막 날이었는데, 선생님을 찾아가서 진학 희망 학교를 인문계에서 실업계로 바꿨습니다.

Q 인문계 지망이 목표였다면, 원래 꿈은 따로 있었겠네요. 과학자나 반도체 엔지니어가 아니라.

양 그렇죠. 제가 어릴 때는 '반도체'라는 단어도 잘 몰랐습니다. 중학교 때까지 꿈은 '대학교수님'이었습니다. 구체적인 목표였다기보다 초등학교 때 좋아하는 선생님이 계셨는데, 그분이 일러주신 꿈을 막연하게 품고 있었습니다.

그분은 양정순 선생님이셨는데, 내가 "선생님처럼 커서 좋은 선생님이 되고 싶어요."라고 하니까, 선생님 중에는 대학교수가 가장 높다고 하셔서 "그래. 난 커서 대학교수가 될 거야." 그렇게 생각했던 거죠. 선생님께 약속도 했어요. 선생님은 충분히 할 수 있다고 하셨고요.

그때부터 누가 내게 꿈을 묻거나 학교에서 장래 희망을 조사할 때 늘 '대학교수'라고 적었어요. 그때마다 기분이 좋더라고요. 친구들이 부러워하기도 하고요. 상고 진학을 결심했을 때, 다른 건 괜찮았는데 선생님하고 약속을 못 지킨 게 좀 서운하고 슬펐습니다.

Q 지금 대표님의 모습을 보신다면, 양정순 선생님이 참 자랑스러워하시겠습니다. 교수님이 안 되길 잘했다고 하실 지도요.

양 양정순 선생님은 초등학교 졸업 이후 만나뵙지 못했습니다. 이후에도 뵙고 싶었는데 찾질 못했습니다. 2000년대 학교 동창들 이어주는 온라인 서비스가 나왔을 때 맘먹고 여기저기 수소문을 했는데 못 찾았어요. 몇 년 전에 드디어 연락이 닿았는데 이미 세상을 떠나신 후였습니다.

제가 그 선생님을 참 좋아했습니다. 제 첫 담임선생님이었고 당시에는 미혼이셨습니다. 얼굴도 희고 예뻤어요. 혼자 관사에 사셨는데, 저를 이뻐해 주셔서 관사에 데려가 직접 밥을 지어주시곤 했습니다.

제 헌 가방이 보기 안쓰러우셨던지 어른들 메고 다니는 가방도 하나 주셨어요. 아이들은 '처녀 가방'이라고 놀렸지만, 저는 낡아서 더 이상 못 고쳐 쓸 때까지 그 가방을 들고 다녔습니다.

아직도 선생님의 그 방이 기억나요. 선생님 방에선 늘 좋은 냄새가 났어요. 예쁜 옷도 많았습니다. 시골집의 어둑함이 익숙한 저에게 선생님의 공간은 동화 속 공주님 방 같았습니다.

함께 밥을 먹으면서 오순도순 얘기도 많이 나눴습니다. 도시 이야기, 대학 이야기, 소설이나 영화 얘기도 들려주셨던 거 같아요. 기억할 수는 없지만, 저도 많은 얘기를 했어요. 그때마다 선생님은 빙그레 웃으며 들어주셨습니다.

"향자야. 넌 꿈이 뭐니?"

"선생님 같은 선생님이 되고 싶어요."

"선생님보다 높은 게 대학교수야. 이왕이면 교수님이 되렴."

"우와! 좋아요. 선생님!"

혹여 선생님을 다시 만난다면 좋은 가방을 하나 사드리고 싶었습니다.

전례가 없으면 선례가 되겠습니다!

Q　이력을 보니 최종학력이 컴퓨터공학 석사로 나와 있습니다. 직장 생활을 하면서 대학에 다닌 건가요?

양　이상하게 들리겠지만, 전 학력 콤플렉스가 없었어요. 누군가 내게 고졸 학력에 열등감이 없었느냐, 그러면 저는 없다고 그래요. 사실입니다. 자랑스러운 것까지는 아니지만 저는 고졸이 부끄럽지 않았고, 대학 나온 직원들이 특별히 부럽지 않았습니다.

정말 부러운 사람은 학벌 좋은 사람보다 일 잘하는 사람, 실력 있는 사람이었습니다. 저는 대학을 못 나왔다는 말보다, 실력이 없다는 말이 더 자존심 상합니다.

어느 분야나 마찬가지겠지만, 반도체는 끊임없이 공부하고 연구해야 실력을 유지할 수 있는 분야입니다. 제가 회사에 다니면서 학사와 석사를 마치고 박사과정 공부를 이어간 건, 학위를 얻으려고 한 것이 아니라 실력을 키우고 싶었기 때문입니다.

1986년, 입사 이듬해부터 공부를 시작했습니다. 처음에는 사내 어학원에 등록했습니다. 일본어를 알아야 더 중요한 일을 할 수 있을 것 같았죠. 당시는 일본의 기술 수준이 한국보다 10년쯤 앞선 때라 반도체 전문 자료는 거의 다 일본 서적이었어요. 현장의 용어 대부분도 일본어였습니다. 취미나 학구열 때문이 아니라 생존하기 위해, 일을 잘하기 위해 일본어를 배웠습니다.

그런데 가보니 고졸 수강생은 저 혼자뿐이었습니다.

"네가 일본어를 배워서 뭐 할래?"

연구원 선배들뿐만 아니라 강사까지 텃세를 부리고 핀잔을 줬습니다. '두고 봐!' 저는 퇴근 후 매일 세 시간씩 일본어 공부를 했습니다. 주말에도 기숙사를 떠나지 않고 일본어책을 읽고 카세트테이프를 들었습니다. 그리고 3개월 만에 그 클래스 사람 중 가장 먼저 일본어 자격증을 땄습니다.

회사 내에는 "일본어를 기가 막히게 하는 고졸이 있다."라는 소문이 돌았고 여기저기서 일본어책을 들고 내게 찾아오기까지 했습니다. 그렇게 전문기술서적을 번역하다 보니 덩달아 반도체 설계 업무에 관한 이해도 커졌죠.

해야 할 공부가 일본어뿐이었겠습니까? 반도체 일을 잘하려면 영어는 물론 전자전기, 물리, 화학, 수학, 컴퓨터 관련 지식도 필요했습니다. 대졸 직원들은 학교에서 전공과목으로 배웠지만, 저는 제대로 공부한 적이 없잖아요.

그러다가 1989년에 사내대학(SSIT)이 생겼어요. 국내 최초 사내 교육기관이었습니다. 너무 반가웠죠. 총 2년간 6학기 과정을 마치면 전문학사 학위를 주는 과정이었는데, 당시 결혼 초기였고, 큰딸 수민이를 낳은 터라 미루다가 맘이 급해서 1991년에 드디어 입학원서를 냈습니다.

그런데 원서가 반려된 거예요. 원수 접수조차 안 해준 겁니다. 이유를 물으니 "여태껏 여직원은 안 받았다." 이런 답이 돌아와요. 기가 찼죠.

"고졸 여자가 무슨 사내대학이냐, 꿈도 야무지다."

제가 면전에서 들은 말입니다. 분란을 일으키기 싫어서 당시에는 참았습니다. 딸아이가 어려서 공부할 여력이 없기도 했고요. 다음 해에 두 번째 원서를 냈습니다. 그런데 이번에는 심사에서 떨어졌습니다. 그래도 저는 웃었습니다. '이번에는 원서는 받아주는구나.' 기가 차서 웃은 거죠.

제 도전에 대해 소문이 나니까 다음 해는 이제 응원하는 동료들도 생겨요. 응원에 힘입어 다시 원서를 냈습니다. 그런데 또 안된다는 겁니다. 공식 항의를 해서 담당자를 만나게 되었습니다. 사내의 교육 부서 고위급 선배분이었습니다. 제가 그랬죠.

"관련 사규에 '근속연수 7년 이상'이라고 되어 있습니다. 이번에는 기회를 주십시오. 잘할 수 있습니다."

"자네 심정은 알겠는데, 우리도 곤란해. 전례가 없어."

"전례가 없다면 선례가 되겠습니다."

결국, 삼수 끝에 합격하게 됩니다. 입학 성적은 거의 꼴찌였습니다. 당연했죠. 합격자 대부분은 이미 대학을 나왔거나, 저보다 선배들이었고, 연구부서에서 몇 년씩 일한 사람들이었으니까요. 공학 전공자가 아닌 상고 나온 연구보조원은 저 하나뿐이었습니다.

당시 큰아이가 세 살, 육아도 바쁘고, 일도 많아서 공부를 제대로 할 수가 없었습니다. 시어머니가 큰 힘이 됐어요. 그때 만약 시어머니가 도와주시지 않았다면 공부를 포기했을지 모르겠어요. 감사하죠.

흔쾌히 아이를 맡아주신 시어머니께 죄송하고, 곁에 없는 엄마를 찾을 아이에게 염치없어서 더 악바리처럼 공부했습니다. 눈물만큼 코피를 쏟으며 학교에 다녔던 거 같아요.

그리고 3년 후, 저는 수석으로 사내대학을 졸업했습니다.

Q   그럼 대표님 이력에 있는 '한국디지털대학교 졸업'은, 대학에 다시 간 거군요?
—

양   대학원에 가고 싶었거든요. 지금은 SSIT를 졸업하면 당연히 학사학위를 주지만, 그때의 사내대학은 정식대학으로 인정받지 못

했습니다. 대학원에 진학하려면 학위를 주는 대학을 다시 다녀야 했습니다. 그런데 한동안은 바빠서 엄두를 못 냈습니다. 주위에서 뜯어말리는 사람도 많았어요.

"일 잘하면 됐지, 무슨 대학원이야. 교수 할 거야?"

이런 식이었죠. 다행히 2000년 초에 온라인강좌만으로 커리큘럼을 구성한 사이버대학이 생겨나기 시작했습니다. 야근에, 주말 근무에, 회사를 떠나지 못하는 나를 위한 맞춤형 대학 같았습니다.

한국디지털대학교에 입학한 저는 '디지털정보학과'와 '실용어학과', 두 개의 학과를 덜컥 복수 전공했습니다. 주위 사람들은 "시간도 없는데 무슨 전공을 두 개씩이나 하느냐."고 핀잔을 줬죠.

그래도 공부에 목말랐던 저는 최대치로 목표를 잡았습니다. 실용어학과의 경우 2개의 외국어만 세부 전공하면 졸업할 수 있었는데, 일본어와 영어에 중국어까지 3개의 전공을 택했습니다.

사실 과욕이었죠. 강의실에 가지 않아도 되는 온라인강좌라 부담 없이 잔뜩 신청한 수업이 오히려 독이 됐습니다. 온라인강좌는 자신이 수업 시간을 정해서 컴퓨터를 켜고 강의에 접속해 동영상을 플레이하면 출석으로 인정돼요. 당시 저는 S램 설계팀 책임연구원으로 업무가 폭발적으로 많았습니다. 강의를 들을 시간이 절대적으로 부족했습니다. 그때부터 '신의 테스트'가 시작된 거죠.

정말 하루하루가 갈등의 연속이었습니다. '강의를 다 안 들어도 된다. 컴퓨터만 켜놓아도 된다. 남편에게 부탁해도 된다. 아이들에게 시켜도 된다…' 온갖 악마의 유혹이 내 마음을 흔들었습니다.

결국, 저는 원칙을 지키는 것으로 마음을 굳게 먹었습니다. '여기서 무너지면 내가 대학에 온 이유가 사라진다. 실력을 늘리려고 대학에 왔는데 편법으로 강의를 듣다니. 그래! 양심대로 하자….'

그렇게 결심하니 마음은 편했는데, 이제 몸이 죽어났습니다. 진짜 눈뜨면 강의를 들었습니다. 하루라도 거르면 다음 강의가 밀려 더 힘들었습니다. 졸며 듣고 밥 먹으며 듣고 화장실에도 컴퓨터를 들고 가서 강의를 들었습니다. 그렇게 3년을 나 자신과 싸우며 대학을 마쳤습니다.

아버지 같은 하마다 박사님

Q 언론을 통해 접한 이야기인데, 양향자 대표님과 일본 반도체 분야의 석학 하마다 시게타카 박사님과의 인연이 흥미로웠습니다. 하마다 박사님은 오래전 고 이병철 삼성 전자 회장의 기술 자문역할을 하셨던 분이라고 들었습니다. 두 분 사이에는 어떤 이야기가 있습니까?

양 아름답고 재미있는 얘기가 있습니다. 저에게 하마다 박사님은 아버지 같은 분이에요. 1988년에 만났으니까 35년이 넘은 인연입니다. 그분은 삼성 반도체의 뿌리 같은 분입니다. 삼성전자 반도체 1세대들에게는 '한국 반도체의 숨은 조력자' '한·일 반도체의 가교'로 불려요. 박사님도 한국 반도체에 대한 애정이 아주 깊죠. 본인이 산파 역할을 하셨으니까요.

1988년, 그때 제가 하마다 박사님의 일본어 통역을 맡았어요. 지금 생각해도 기적 같은 일이에요. 88서울올림픽이 열리기 몇 주 전, 기술기획팀장님이 저를 부르더니 이렇게 말해요. 올림픽을 맞아 회사에서 두 분의 일본 VIP를 초청했다, 인사카드를 보니 자네가 일본어를 할 줄 안다고 하던데, 가이드를 맡아라.

반가운 말이었지만, 걱정부터 앞섰습니다. 내가 그렇게 훌륭한 분의 일본어 통역을 할 수 있을까? 입사하자마자 2년간 독하게 일본어 공부를 하긴 했어요. 나름 일본어 실력이 늘어서, 어려운 전공서도 읽을 수 있고 선배들의 번역일을 돕기도 했지만, 실제 일본인과 대화를 나눠본 적은 거의 없었거든요. 그런데 저명인사 통역을 하라는 겁니다. 겁이 났죠.

더욱 부담스러웠던 것은, 저와 함께 선발된 통역 직원의 스펙이에요. 회사에서 일본어 전문가로 통하는 대리님이었는데, 대학에서 일어일문학을 전공하고 사내에서 일본어 전문번역자로 활동하는 분이었어요.

회사에서 초청한 VIP는 남자 두 분이었고, 각각 아내를 동반했습니다. 체류 기간은 일주일. 다른 분의 통역을 맡은 대리님은 삼성재팬의 동경지사 사장님을 담당했고, 제가 통역을 맡은 손님이 바로 하마다 박사님이었어요.

첫 만남은 올림픽 개막식 전날입니다. 공항에 도착해서 처음 만난 박사님은 머리도 하얗고 피부도 하얗고, 흰 눈썹이 길게 늘어진 모습이었는데, 어린 나는 동화에 나오는 신령님 같다고 생각했어요. 여기가 재미있는 부분인데, 저는 첫인사와 동시에 솔직히 고백을 했습니다.

"죄송한데, 저는 일본어를 잘 못 합니다."

이렇게요. 쩔쩔매는 나를 보며 잠시 침묵이 흐르더니 이내 두 분의 웃음보가 팍 터졌습니다. 박사님은 '한국에 가면 경험 많은 전문 가이드가 나와서 체계적으로 안내를 해주겠구나.' 생각하셨겠죠. 그런데 웬 어수룩한 여자애가 나타나 다짜고짜 사과부터 하니, 어이가 없었던 거죠. 뒤에 들으니 귀엽기도 했다고 합니다.

그 뒤로 이어지는 일정은 걱정보다 수월했습니다. 제 고백 때문인지, 박사님 부부가 저에게 별로 의지를 안 하시더라고요.(웃음) 또 박사님이 만나는 대부분의 한국 인사들은 저보다 일본어를 잘해요.

저는 통역이라기보다 일행처럼 그분들을 따라다녔어요. 오히려 두 분이 저를 세심히 챙겨주셨습니다. 어딜 가나 제 소개를 가장 먼저 했고, 식사 시간이면 저한테 음식을 먼저 권해주시고, 혹여나 저를 놓칠까, 잃어버릴까, 손을 꼭 잡고 다니셨습니다.

Q 좋은 분들이셨군요. 손녀처럼, 딸처럼 대해주셨네요.

양 네. 지금 생각하면 제가 참 염치없는 짓을 한 거죠. 제가 챙겨

드려야 하는데, 오히려 보호를 받았으니. 저는 일을 하고 있다는 생각보다, 두 분이랑 여행을 온 거 같았어요.

일주일 후 두 분은 일본으로 돌아가셨습니다. 떠나는 날, 공항에서 박사님 부부가 제 손을 잡고 작별 인사를 했는데, 그 사이 정이 많이 들어서 그렇게 서운해요. 금방이라도 저는 눈물이 나올 거 같았습니다. 박사님이 저에게 이렇게 물어보세요.

"향자 씨는 일본에 와봤어?"

저는 그때까지 일본은커녕 제주도 가는 비행기 한번 못 타봤었죠. 가본 적 없다고 말씀드리자, 두 분은 제 손을 잡고 일본에 꼭 오라고, 오면 꼭 자기 집에 들르라고 신신당부하셨어요. 그리고 사모님이 울먹이는 저를 품에 꼭 안고 그러세요.

"따뜻하게 대해줘서 고마워요."

그런데, 며칠 후 초청 담당자가 나를 불러요. 가보니까 저를 막 혼내시더라고요. 왜냐하면, 회사에서 두 분께 식사와 편의를 제공하라고 제게 준 신용카드가 있었는데, 그걸 한 푼도 안 썼거든요. 제가 다 얻어먹은 거죠.

도대체 뭘 했냐며 막 꾸중을 해요. 함께 통역을 맡은 직원은 손님을 수행하면서 원래 책정되었던 금액의 두 배를 사용했답니다. 제가 사정을 얘기했는데, 더 황당해해요.

"아니, 대접하라고 보냈더니 네가 대접을 받고 오면 어떡해!"

담당자분은 철없는 어린애가 귀빈에게 큰 결례를 범했을까 봐

걱정을 했어요. 그렇게 야단을 맞고 억울한 마음이 들었지만, 딱히 부정할 수가 없었어요. 혹여나 진짜 실수를 한 건 아닐까 걱정되기도 했습니다. 그런데 얼마 후, 놀라운 일이 일어났습니다.

Q 박사님 부부가 선물이라도 보내셨나요?

양 박사님이 진짜로 저를 일본에 초청하셨어요. 회사로 제게 비행기 티켓을 보내신 겁니다. 그 비행기 티켓을 보면서 고맙고 그립고 그래서 눈물이 왈칵 나오더라고요. 날 꾸중했던 사람들에게 "봐요. 내 말이 맞죠?" 그렇게 막 따지고 싶기도 했습니다.

귀빈 박사님의 요청이니까, 회사는 일사불란하게 일을 처리해줬어요. 연수형식으로 저에게 5일의 휴가를 내주더군요. 덕분에 난생처음 비행기를 탔습니다. 너무 행복했습니다.

일본 나리타공항에 도착하니까, 입국장 저만치에 두 분이 나란히 서 계셨어요. 할머니는 '양향자' 이름이 적힌 피켓을 들고, 할아버지는 비디오카메라를 들고 계셨습니다. 그때부터 저는 두 분을 할머니, 할아버지라고 불렀습니다.

그 전에 고작 일주일을 함께 했을 뿐이잖아요. 그런데 다시 만나니까 진짜 반가워서, 우리는 평생 정든 가족처럼 얼싸안고 좋아했습니다. 곧바로 당신들 댁으로 저를 데려갔어요. 동경 카네모치에 있는 집이었는데, 3층 저택이에요. 인근 이즈반도 바닷가에도 본가와 똑같이 생긴 별장이 있었습니다.

두 곳 다 영화에나 나올법한 웅장하고 고풍스러운 집이었습니다. 뒤에 들으니, 박사님의 부친께서 유복하셨다고 해요. 학구열도 높아서 열한 명의 자식들을 모두 박사로 키워내셨고, 장수 유전자를 물려줘서 단 한 명 병든 사람 없이 건강하대요. 박사님도 올해 99살이세요. 그런데 지금도 정정하세요.

박사님 부부와 함께 보낸 4박 5일은 지금 생각해도 꿈만 같아요. 처음 먹어보는 소고기 스키야키, 편안했던 욕조와 침대, 오래된 나무들과 깨끗했던 동경의 거리, 세련되고 아득했던 야경, 태평양과 이어진 푸른 바닷가….

이렇게 호사를 누려도 되나 싶을 정도로 황홀한 휴가를 보냈습니다. 그때가 스물두 살이었습니다. 한국에 돌아와 힘들고 지칠 때마다 그 꿈같은 날들을 떠올렸고, 박사님 부부와의 추억을 생각했습니다. 그러면 언제나 힘이 나고 기분이 좋아졌어요.

"한국 반도체를 위한 일이라면, 난 죽어도 된다"

Q 하마다 박사님은 4년 전 2019년 한국과 일본 사이에 반도체 소재 문제가 생겼을 때도 조언과 도움을 주셨다고 들었습니다.

양 맞습니다. 이른바 '2019년 한일 반도체 전쟁'이죠. 일본이 한국 대법원의 위안부 강제 동원 배상 판결에 앙심을 품고, 반도체 핵심 소재 수출을 금지하면서 일종의 경제 보복을 했죠. 결국, 한국 정부가 잘 대처했고, 반도체 소재 독립을 추진하는 데 큰 도움도 됐습니다.

그때 박사님은 한국 편에 서서 조언을 많이 해주셨습니다. 한국에 오셔서 당시 집권당인 더불어민주당 지도부에 전략 제안도 해주셨고요. 사실 저는 걱정이 많았습니다. 혹여 하다가 박사님이 이 일로 일본에서 공격을 받지 않을까 해서요. 그랬더니 "향자를 위한 일, 삼성을 위한 일이라면 또 대한민국과 일본과의 우호 관계를 위한 일이라면 나는 죽어도 된다."라고 하시더군요. 고마워서 많이 울었습니다.

그때 제가 더불어민주당이 만든 일본 경제침략대책특별위원회를 맡게 됩니다. 박사님이 제게 그러셨어요.

"역사적·정치적 문제로 경제적·산업적으로 한일 양국이 함께 타격을 받을 선택을 해서는 안 된다. 기술 발전이 인류 역사를 만들어 왔고 그 바탕에 반도체가 있다. 반도체는 최고의 소재를 만드는 일본, 최고의 생산능력과 기술을 갖춘 한국, 가장 많이 설계하고 소비하는 미국이 함께 발전시켜 왔다. 이러한 글로벌 반도체 분업 체계를 깨는 것은 인류 발전에 큰 잘못을 저지르는 일이다."

Q 박사님과의 오랜 인연을 한 언론사에서 다큐멘터리 형식으로 깊이 있게 다뤘더
—
군요.

양 네. 그 언론사에서 저와 함께 일본으로 가서 박사님과 사모님
—
도 뵙고, 그간의 이야기도 듣고, 사진과 영상을 찍어서 크게 보도
했습니다. 많은 분께서 감명을 받았다는 말씀을 전하셨죠.

스물두 살 때부터 지금까지 박사님 부부와는 가족처럼 지냅니
다. 결혼 후 남편을 처음 데려갔을 때, 남편이 맥주를 원샷하는 걸
보고 매우 좋아하셨어요. 첫아이와 둘째 아이를 데려갔을 때는 디
즈니랜드에서 장난감과 학용품을 한가득 안겨주셨어요. 지금은 다
큰 아이들도 일본의 할아버지 할머니 댁에 가는 것을 무척 좋아합
니다. 큰 딸이 "제가 나이 들면 꼭 두 분처럼 살고 싶어요."라며 두
분을 인생의 롤 모델로 꼽을 정도예요.

사실 제가 두 분을 가장 존경하는 부분은 부와 명예도, 평생을
쌓아온 지식과 과학적 성취도 아니에요. 그보다는 아주 작은 것에
도 소중함을 찾고 감사할 줄 아는 마음입니다.

제가 처음 일본에 가서 두 분 집에서 자고 난 아침에, 나무와 꽃
과 새와 물고기 하나하나마다 "감사합니다."라고 인사하는 할아버
지의 모습을 봤습니다. 박사님은 자신을 둘러싼 세상 모든 걸 소중
하고 고맙게 여기셨어요.

두 분은 아직도 10여 년 전에 큰 딸아이가 오래 사시라고 접어

사진출처 : 중앙일보

드린 천 마리 학을 소중히 간직하고 계세요. 주위 사람들에게 입이 마르게 자랑하시고 "그 종이학 때문에 우리가 오래 산다."라며 만날 때마다 고마워하십니다.

저와 우리 가족에게 돈으로 환산할 수 없을 만큼 비싸고 좋은 선물을 많이 주셔놓고, 우리가 작은 성의만 보여도 진심으로 감사하고 감격하시죠. 몇 해 전 종로를 함께 걷다가 제가 좌판에서 옥가락지를 사서 할머니에게 드린 적이 있는데, 할머니는 지금도 저를 만날 때 꼭 그 반지를 끼고 나오십니다. 이제는 한쪽이 닳아서 금이 가 있는 그 5천 원짜리 반지를 그토록 소중히 아끼시는 모습을 보면서 저도 배우는 게 많습니다.

일본을 넘어 세계 최고의 반도체 회사로!

Q 자, 이제 삼성 반도체 얘기를 좀 해보죠. 양 대표님이 근무하던 1990년대에 삼성
―
반도체의 황금기가 시작됐잖습니까? 지금도 메모리 반도체 분야에서 세계 1위이고요.

입사 당시에는 일본보다 10년은 기술이 뒤처진 상태라고 말씀하셨는데, 상황이 어땠

습니까?

양 제가 입사했던 1986년 무렵, 삼성의 반도체 사업은 앞날을 예
―
측할 수 없는 고난의 시기였습니다. 널리 알려진 것처럼, 삼성은
1983년 이병철 회장께서 반도체 사업을 추진하겠다는 의지를 밝
힌 '도쿄 선언' 이후 VLSI 메모리 반도체 사업에 본격적으로 뛰어
들었습니다.

　사업을 결단한 뒤, 유례를 찾을 수 없을 만큼 빠른 속도로 기흥에

반도체 공장을 건설했습니다. 그런 뒤에는 미국에서 활동하던 반도체 전문가들을 스카우트해 기술격차를 따라잡는 데 집중했죠. 하지만 1970년대부터 차곡차곡 쌓아온 일본의 기술력을 따라잡기는 쉽지 않았습니다.

D램 기술은 1960년대에 미국에서 개발해 기술을 주도했지만, 1970년대 말부터는 일본이 미국보다 앞서나갔습니다. 미국이 D램 등 메모리반도체 사업에서 손을 떼고 부가가치가 높은 시스템 반도체 설계 및 제조 등의 영역으로 이동하면서 일본이 D램을 완전히 장악한 상황이었습니다. 삼성이 사업에 뛰어든 1980년대에는 일본의 5대 반도체 기업, 그러니까 NEC, 도시바, 히타치, 미쓰비시, 후지쓰 등이 전 세계 시장점유율 80%를 차지했을 만큼, 기술과 생산성에서 타의 추종을 불허했습니다.

제가 입사할 때 삼성은 메모리반도체 사업에 뛰어든 지 불과 3년 남짓밖에 되지 않았습니다. 일본 기업들은 기술 수준을 빠르게 높여나가는 한편, 삼성에서 생산하던 64K, 256K 제품의 가격을 확 낮추는 방식으로 삼성의 도전에 대응했어요.

이로 인한 D램 가격폭락, 미국 TI사의 특허공격 등으로 인해 삼성은 사업의 존폐를 걱정해야 하는 위기에 내몰렸습니다. 당시로는 기록적인 1,000억 원 이상의 누적적자가 쌓인 상황이었으니까요.

Q 그러나 삼성은 반도체 사업에 뛰어든 지 10년 만에 메모리 반도체 세계 1위에 올
—

랐습니다. 그 짧은 시간에 무슨 일이 있었던 건가요?

양 몇 년은 정말 힘든 시기였어요. 그러나 임직원들의 '애사심', 반도체를 대한민국의 미래라고 여기는 '애국심'만은 누구도 따라올 수 없었습니다. 새벽부터 밤까지 '월화수목금금금'이 일상이었지만, 불평하는 사람은 없었습니다. 저 역시 말단의 연구원보조였는데, 어깨너머로 기술을 배우며 밤늦게까지 선배들을 도왔습니다.

존폐를 걱정할 정도로 적자에 허덕이던 회사는 1988년 미·일 반도체 분쟁으로 일본 기업들에 반덤핑 제재가 가해지면서 일시적인 호황을 맞게 됩니다. 그 덕에 수년간 쌓인 누적적자를 해결하고 도전에 대한 자신감을 되찾을 수 있었습니다.

하지만 반짝했던 호황이 꺾이고 불황이 다시 이어졌습니다. 미국도 일본 이외에는 대안이 없는 현실적 한계 때문에 일본 기업들을 끝까지 막아설 수는 없었습니다.

힘겨운 상황이었지만 삼성은 이전보다 훨씬 더 공격적으로 생산설비 건설과 기술개발에 투자했습니다. 그 덕분에 1992년 64M D램부터는 선진 기업과의 기술격차를 해소할 수 있었고, 업계 최초로 8인치 대구경 생산라인을 건설해 제품 생산능력도 세계적인 수준으로 끌어올렸습니다. 그 결과 1992년에 D램 시장점유율 세계 1위, 1993년에 메모리 전체 시장점유율 세계 1위를 달성할 수 있었습니다. 자랑스러운 일이죠.

Q 1990년대 중반에는 반도체 시장에 급격한 호황과 불황이 이어진 것으로 알고 있습니다. 그때 삼성의 상황은 어땠습니까?

양 그 무렵 저는 S램팀, D램팀 등에서 설계업무를 담당했습니다. 당시 롤러코스터를 타는 것 같은 상황이 몇 해 동안 이어졌어요. 앞서 이야기한 기술격차 해소 이후, 메모리반도체 업계에 큰 호황이 찾아옵니다.

1994~1995년에 인터넷이 급속하게 확산하면서 PC 시장이 폭발적으로 성장했어요. D램 산업도 초호황을 이뤘습니다. 만들기만 하면 좋은 가격에 팔 수 있었기 때문에, 기업마다 생산량을 늘리는 데 에너지를 집중했습니다.

당시 일본의 5개 기업과 한국의 삼성, 현대, LG 3사 등 메모리반도체 기업들은 업계 주도권을 차지하기 위해 경쟁적으로 공장 증설에 나섰습니다. 그러나 이 같은 과잉 경쟁이 독이 됐죠. 1996년부터 D램 가격이 급격하게 폭락하는 대공황이 찾아오게 됩니다. 모든 메모리 제품들이 급격한 가격하락을 맞았지만, 특히 PC용 D램 가격이 고점 대비 1/10 수준으로 폭락했습니다.

당시 삼성은 PC용 제품을 비롯해 기업용 서버, 그래픽 등 여러 영역에서 다양한 응용 제품들을 생산했습니다. 반면, 여타 기업들은 인터넷 붐으로 크게 호황을 이뤘던 PC용 D램에 집중하고 있었기 때문에 타격이 더 컸습니다. 변동비 이하로 가격이 하락하자,

만들어 팔수록 손해가 커지는 지경에 이르게 되었습니다.

급기야 일본의 5대 반도체 기업들은 매각과 인수합병을 거치면서 NEC 중심의 엘피다메모리만 남게 되었고, 한국도 현대와 LG가 하이닉스로 통합되었습니다. 그야말로 업계의 대 재편이 이루어진 겁니다.

삼성 역시 힘든 시기를 겪어야 했지만, 기술혁신과 제품 다양화를 통해 꿋꿋하게 버텨내어 타의 추종을 불허하는 메모리반도체 선두 기업으로 우뚝 설 수 있었습니다.

큰 어려움이 있었지만, 투자를 아끼지 않은 당시 이건희 회장님의 경영적 결단, 능력 있는 현장의 리더들과 밤낮없이 최선을 다한 엔지니어들, 그리고 이들을 뒷받침한 현장 인력들의 피와 땀이 있었기에 가능한 일이었습니다.

Q 그 이후로 삼성은 수십 년간 메모리반도체 부문에서 싱글 톱의 아성을 굳건히 지키고 있습니다. 하지만 파운드리 분야에서는 대만의 TSMC를 따라잡지 못하고 있다고 하셨습니다. 이제는 파운드리가 반도체 산업의 핵심이라고 하셨고요.

양 삼성이 일본의 메모리반도체 기업들을 따라잡았던 것처럼 TSMC를 따라잡고 고부가가치의 파운드리 영역에서 경쟁력을 확보할 수 있을까? 이런 질문인데, 저는 가능하다고 생각합니다.

그러나 메모리반도체 기술을 추격하던 때에 비해 파운드리는 그

난이도가 비교할 수 없을 만큼 높습니다. 현재 삼성은 시장점유율에서 TSMC에 크게 뒤처지는 2위입니다. 기술개발에 매진하는 동시에 고객 기업과 신뢰 관계를 쌓아가다 보면, 1990년대에 메모리반도체에서 일본 기업들을 물리치고 독보적 1위에 올라섰던 것과 같은 뜻밖의 성공 기회가 찾아올 수 있다고 생각합니다.

메모리반도체는 여러 기기에 두루 쓰이는 범용품인 반면, 파운드리는 고객사가 원하는 개별 제품을 1:1로 대응해 제조해야 하는 일이기 때문에, 고객사와의 신뢰 관계가 중요하고 기술의 범위도 넓고 깊습니다. 그런 이유로 메모리반도체에 비해 기술격차를 따라잡기가 더더욱 어렵고, 고객 기업과의 신뢰 관계 형성에도 큰 노력이 뒤따르는 고난도의 영역입니다.

삼성은 2000년대 초반 12인치 첨단라인을 구축해 파운드리 사업에 본격적으로 뛰어들었습니다. TSMC보다 출발이 많이 늦었고, 인재확보에도 어려움이 많죠.

하지만 해낼 겁니다. 메모리반도체가 한국의 국가 경제를 떠받치는 기둥으로 성장했던 것처럼, 파운드리 사업도 우리나라의 기간산업으로 성장할 가능성이 큰 사업입니다. 정부의 역할, 정치의 역할이 큽니다. 인재확보, 부지 및 세제 혜택 등 반도체 기업이 성장할 수 있도록 정부가 전폭적으로 지원한다면, 세계 제패의 기회가 반드시 찾아오리라 생각합니다.

국가공무원인재개발원장과
퍼스트 펭귄상

Q 양 대표님은 2018년부터 1년 동안 국가공무원인재개발원장을 역임했습니다. 30년 동안 기술 현장에서 일한 기업인 출신이 공무원 교육 수장을 맡으셨는데, 그때의 이야기를 해주겠어요?

양 국가공무원인재개발원은 5급 이상의 고위직 공무원을 교육하는 기관입니다. 원장은 차관급이고요. 원장직 제안이 왔을 때 '공직사회가 어떻게 움직여야 하는지, 글로벌 기업이 어떻게 일하는지 보여주겠다.' 이런 각오로 수락했습니다.

부임해서 제가 한 일은 크게 두 가지입니다. 첫째는 국가공무원인재개발원이라는 조직의 비효율을 걷어내는 일이었습니다. 불필요하고 불합리한 일들을 찾아서 줄이고 없애는 일입니다.

둘째는 공무원들에게 '혁신의 DNA'를 심는 겁니다. 글로벌 기업에서 제가 겪은 것 중 고위직 공무원들이 꼭 알았으면 하는 것들을 교육 커리큘럼으로 만들었습니다.

Q 시스템 혁신과 마인드 혁신. 이렇게 봐도 되겠습니다.
—

양 네. 그렇습니다. 제가 원장으로 가서 가장 먼저 할 일은 '필요 없는 일'과 '필요한 일'을 나누는 것이었어요. 각 부서에 이렇게 지시를 했습니다. 하지 않아도 될 일을 세 개 이상 제출하라.

그랬더니 리스트가 막 올라오죠. 예컨대 그동안 각종 회의와 현안 보고 때마다 으레 요구했던 문서보고는 필요 없는 일이라는 의견이 많았습니다. 당장 없앴습니다. 그런 식으로 조직의 효율화를 꾀했습니다.

그리고 모든 업무의 매뉴얼을 만들었습니다. 구내식당부터 각 부서에 이르기까지 국가공무원인재개발원에서 일어나는 모든 업무에 관한 매뉴얼입니다. 비교적 간단해 보이는 식당에서도 생선 다듬는 법부터 음식물쓰레기 처리하는 법까지 실무자들의 노하우를 집약했습니다. 그렇게 해서 '107가지 업무 매뉴얼'이 만들어졌습니다.

매뉴얼은 필수입니다. 공무원 사회가 다 그렇지만, 무슨 실수가 생기면 '누가 책임지고 옷을 벗느냐'가 가장 큰 관심사죠. 실무자를 징계하기 전에 시스템이 제대로 갖춰져 있는지부터 따져야 할 거 아닙니까? 업무 매뉴얼이 없는데 실수를 한다, 그러면 실무자가 아닌 리더의 잘못이라고 생각합니다.

리더는 항상 현재 갖춰진 체계에 오류가 없는지 살피고 직원들이 가장 편안한 상태에서 일할 수 있게끔 제도화하는 역할을 담당해야 합니다. 전임자가 한 일이라고 무책임하게 넘어가는 문화는 글로벌 기업, 민간기업에서는 통하지 않습니다.

또 '벌'보다는 '상'을 줘야 한다고 생각했어요. 실수를 용납하지 않는 경직된 조직문화 개선이 필요하다고 봤습니다. 그래서 무슨 일이든 책임자를 찾아 징계하는 방식보다는 새로운 시도를 한 직원에게 상을 주는 게 필요하다고 판단했습니다. 그렇게 만들어진 게 '퍼스트 펭귄' 상입니다.

퍼스트 펭귄이란 이런 겁니다. 빙산이나 육지 위에 펭귄이 떼로 있다가 먹이를 찾거나 이동을 할 때 바다로 뛰어드는데, 수면 아래로 바다사자, 돌고래 등 펭귄의 천적이 돌아다니죠. 모두 겁내고 주저할 때 가장 먼저 바다에 뛰어드는 펭귄, 모험가이자 혁신가를 말합니다.

불확실하고 위험한 상황에서 용기를 내 먼저 도전함으로써 다른 이들에게도 참여의 동기를 유발하는 선구자 같은 존재예요. 삼성에 있던 상인데, 저도 그 상의 효과를 톡톡히 봤죠.

그리고 부상으로, 매년 1월 미국 라스베이거스에서 열리는 세계

국가공무원인재개발원장 시절 강연 모습

최대 IT 가전 박람회 CES(Consumer Electronics Show)에 6일 동안 참관하게 했습니다. 거기 가면 정말 많은 것을 배우게 됩니다. 혁신의 의미도 알게 되고요. 저는 지금도 해마다 다녀옵니다. 국회에서 일부러 저를 보내주기도 하고, 제가 자비로 가기도 하고요.

스마트시티부터 5G, AI, 미래자동차, 주거 산업변화 트랜드를 한눈에 볼 수 있는 행사가 CES입니다. 그런 의미에서 4차 산업혁명에 대비해 인재개발을 담당하는 공무원이라면 꼭 가봐야 한다고 생각했어요.

Q 상을 받는 사람이 많아서 다들 좋아했겠습니다. 교육받으러 온 공무원들에게는
—
무엇을 중심적으로 교육했나요?

양 인재개발원의 교육과정 역시 대대적으로 뜯어고쳤습니다. 특히 '쉬러 간다'는 인식이 팽배한 공무원 교육과정을 인사와 연계시켜서, 그전과 다른 인재개발 시스템을 구축했죠.

삼성의 경우 인력개발원이 컨트롤타워가 되어 각 사의 인사 부서와 연계해서 정말 교육이 필요한 사람이 교육을 받고, 그 결과가 적절한 인사로 이어지는 삼성리더십파이프라인(SLP)이 구축되어 있습니다.

반면 공직사회는 교육의 필요성이나 중요성에 대한 인식이 낮아 교육생을 모집해도 모집이 잘 안 됩니다. 교육과 인사를 밀접하게 연계하는 '공직리더십파이프라인(CLP)'을 만들고 싶었습니다.

그래서 교육과정을 단순 지식 전달 방식이 아닌 70~80%를 참여와 체험으로 구성했습니다. 신규 직원 교육 시에는 선배 직원을 멘토로 배정해서 보다 체계적인 인사관리를 해나갔습니다. 똑똑한 사람들이니까 금방 적응하고 활용을 하더군요.

공부 잘하는 고등학생은 의대로, 대학생은 공무원으로?

Q 한국 공무원들 자질이 뛰어나죠? 고위직 공무원은 젊은 사람들이 선망하는 꿈이
—
기도 하고요.

양 한편으로는 안타깝죠. 전공을 불문하고 공부 좀 하면 모두가
—
공무원 시험에 매달리는 현실이 답답한 게 사실입니다. 국가공무
원인재개발원에는 9급 공무원에서 승진한 분도 오고, 시험을 봐서
오는 분도 있는데, 꿈이 원래 공무원이었던 분은 별로 없는 거 같
았습니다.

자신의 꿈을 욕망하는 것이 아니라 부모나 타인의 꿈을 욕망한
다고 할까, 등 떠밀려서 공무원을 선택한 느낌이 강했습니다. 거기
서는 이런 질문이 익숙해요. "원래 꿈은 뭐였어요?" 좀 더 자신이

원하고, 또 혁신적인 일을 할 수 있는 사회라면 좋겠지만, 경제난, 취업난 때문에 현실적으로 불가능하죠.

이런 일도 있었어요. 국가공무원인재개발원 원장으로 재직하던 시절, 반가운 손님이 찾아왔습니다. 삼성전자를 그만두기 직전 마지막으로 본 성균관대 반도체 시스템공학부 출신 인턴 청년이었습니다. 오랜만에 보니까 친정 식구를 만난 것처럼 기뻤습니다.

"회사는 요즘 어때?" 안부를 물으니, 고개를 숙이며 답해요.

"인턴 후 (삼성전자에) 입사하지 않아 잘 모릅니다. 벌써 9년째 공무원 시험 준비 중입니다."

성균관대 반도체 시스템공학부가 꽤 좋은 학과입니다. 삼성전자가 취업을 보장하고, 미래 인재를 키워내기 위해 설립한 학과입니다. 이미 많은 학생이 그 학과를 졸업한 후, 인턴을 거쳐 반도체 산업의 유망한 인재가 되었습니다. 그런데 이미 정해진 그런 유망한 미래를 포기하고 공무원 시험을 준비 중이라니….

충격이었죠. 자기뿐만 아니라 다른 친구들도 공무원 시험 준비를 하는 사람이 많다는 거예요. 물론 공직에도 이공계 출신 공무원이 필요합니다. 산업 현장에 든든한 지원군 역할을 하기 위해서는 이들 이공계의 이해와 공감은 필수적입니다.

하지만 모든 청년이 고시·공시에만 집중한다면 인재 배분에 심각한 문제가 생기는 거죠. 산업 현장에서 연구개발과 신기술로 미래 경제를 이끌어야 할 인재들이 사라지게 되니까요. 더구나 인재가 적재적소로 안 가면, 첨단업 분야의 성장은 더딜 수밖에 없죠. 미래를 준비하는 나라에서 일어나면 안 되는 일입니다.

공시생이 한해 50만 명이라는 것 아닙니까? 공무원 시험 경쟁률이 시험 종류마다 다르지만, 100대 1에 가까운 경우도 있죠. 윤석열 대통령도 9년 만에 사법시험에 합격했다는데, 그 시간이 얼마나 아까워요. 다른 좋은 직업이 많다면 그런 낭비가 없었겠죠.

물론 공무원은 워라밸이 어느 정도 가능합니다. 정년이 보장되고, 소득도 안정적이죠. 그래도 그 많은 20대의 우수한 젊은이들이 공무원 준비를 한다는 것은 참 안타까워요.

그래서 제가 공무원 교육을 할 때 더 많은 세상을 보여주기 위해 노력했습니다. 높은 경쟁률을 뚫고 공무원이 된 후에도 안주하지 말고 자신만의 필살기를 갈고닦고, 나라도 혁신하고, 자신의 꿈도 키우라고요.

Q 고등학생의 꿈이 '의·치·한'이라고 하죠. 의대, 치대, 한의대. 이공계 출신으로서
—
안타까움이 크겠습니다.

양 그렇습니다. "공부 잘하는 고등학생은 의과대학으로 몰리고,
—
공부 잘하는 대학생은 공무원으로 몰린다." 이런 나라에 미래가 있습니까? 첨단산업 인재가 점점 줄어드는 나라가 미래에 더 잘살 수 있겠습니까? 선도국가가 될까요? 어렵습니다.

제 주위에도 음대를 졸업한 친구의 딸이 다시 의학전문대학원 (의전원)에 진학해서 얼마 전 피부과를 차린 경우가 있습니다. 좋은 대학 좋은 학과에 진학했다가 다시 의대로 옮기는 경우도 많죠.

어느 책을 보니까 이런 말이 나와요. "사법고시가 로스쿨로 대체된 이후 법조인들이 누리던 기득권은 점차 허물어지고 있다. 그런 점에서 의대는 마지막 성역이고 의사는 마지막으로 남은 특권 집단이다."

최근의 '의대 쏠림 현상'을 보세요. 예전 1990년 입학 성적 상위 10개 이공계 학과 중에서 의학 계열은 서울대 의대 한 곳이었답니다. 2000년대에 들어서면서 1위부터 10위까지를 모조리 의대가 차지하고 있습니다. 예컨대 공부 잘하는 고3 아이들은 서울대에서 학과를 고르는 게 아니라, 일단 서울대 의대부터 지방대 의대까지 의대를 1차로 지원한다고 해요.

제 주위에는 또 이런 일도 있었습니다. 어떤 아이가 컴퓨터 프로그래밍을 참 잘했습니다. 탁월합니다. 전국 대회에서 우승도 했습니다. 컴퓨터를 진짜 좋아했어요. 그러면 그 아이는 컴퓨터과학을 전공하게 하고, 그쪽 전문가가 되도록 두는 게 맞습니다. 그게 그 친구에게도, 나라의 미래에도 도움이 되는 일입니다.

그 애가 고3 때 서울대 컴퓨터공학부에 합격했는데, 집에서 진학을 반대했습니다. 결국, 의대로 보냈습니다. 아이가 행복하겠습니까? 부모에게 반항을 하죠. 학교 가기도 싫어합니다.

그 부모가 아이를 어떻게 위로했을까요? 고작 이렇게 말한답니다. "일단 의대를 졸업하고 원하는 일을 그때 다시 생각해보자."

Q 의대 선호 현상은 결국 '인재의 블랙홀'이군요.

양 큰일입니다. 한국 반도체 산업이 30년 동안 세계를 제패할 수 있었던 비결, 바로 인재였습니다. 한국은 박정희 대통령 때부터 카이스트를 설립했고, 이후 경북대 전자공학과, 부산대 물리학과 등 국립대를 중심으로 이공계 교육 역량을 키웠습니다. 여기서 배출한 인재들이 한국 반도체 산업을 이끌어 온 1세대들이에요.

당시 이공계 인재 양성은 국가적 과제였고, 전국 수재들의 제1지망은 서울대 공대에 진학하는 것이었습니다. 지금은 특목고나 과학고, 영재고를 졸업한 수재들이 전국 각지의 의과대학 정원부터 채우잖아요. 반도체 시스템공학부에 다니던 학생이 행정고시를 준비하고요. 지금의 현실을 그대로 두고 어떻게 이공계 인재 양성의 밝은 미래를 기대할 수 있겠습니까?

여기에 대통령은 '과학기술 카르텔' 어쩌고 하면서 눈치 주고 예산을 깎지를 않나, 경제부총리는 과학기술계는 구조조정이 필요하다고 하지 않나, 결국 과학자나 기술인을 꿈꾸는 아이들에게 "꿈 깨라!" 하는 거잖아요. 정말 억장이 무너집니다.

정치인 양향자를 키운
다섯 번의 선거 출마

Q 국회의원은 초선인데, 정치에 입문한 지는 8년 가까이 되었습니다. 정치인으로
서의 이력을 들여다보면 파란만장합니다. 민주당 최고위원에 두 번이나 선출되고, 양당
모두에서 반도체 특위 위원장을 역임하고, 창당까지…. 중진 의원급 경력 이상입니다.

양 네. 사람들은 제가 민주당 출신 광주 지역 국회의원이니까 꽃
길만 걸어왔다고 생각하시는데, 처음 출마한 광주 총선에서는 낙
선했습니다. 당시 광주에서는 '호남 홀대론'이 거셌고, 국민의당 바
람이 강했죠. 2016년 당시 호남은 민주당의 험지였습니다.

영입되고 광주에 민주당 후보로 출마하겠다니까, 다들 말려요.
수도권의 텃밭 좋은 지역구나 비례대표로 가지, 왜 굳이 거기로 가
느냐면서요. 그러나 당시 민주당에 호남이 중요했고, 문재인 민주

당 대표에게도 호남 선거가 매우 중요했습니다.

홀대론이 거세니까 나름 대표적인 영입 인사인 제가 출마하면 민심을 달래는 효과도 있을 테고요. 사실 저는 당선할 수 있다고 생각했습니다.(웃음) 문재인 대표가 그때 저에게 정말 고마워했습니다. 평생 같이 가자, 그렇게 다짐하기도 하셨죠.

Q 그러고 보니 양 대표님은 낙선한 첫 선거부터, 최고위원 전당대회 등등 선거 경험
― 이 많으셨습니다. 모두 몇 번이나 되죠?

양 총 다섯 번입니다. 국회의원 총선 두 번. 최고위원 선거 두 번.
― 지방선거 광주광역시장 경선까지. 그중 두 번 떨어졌고, 세 번 당선되었습니다. 선거를 거듭 뛰면서 많은 것을 배웠습니다. 지금 창당까지 추진한 힘도 거기에서 나온 거 같습니다.

만약 제가 첫 선거 때 광주에서 무난히 당선되었다면, 온실 속 화초처럼 무난히 정치하다가 2020년에 재선하지 못하고 정치계를 떠났을지도 모르겠습니다. 그때 졌기 때문에 정치를 쉽게 보거나, 민심을 가볍게 보지 않는 자세가 생겼다고 생각합니다.

총선에서 낙선하고 곧 민주당 전당대회가 있었습니다. 당에 할 일이 있다고 생각하고 출마했죠. "데려왔으면 사용하라." 그렇게 외쳤죠. 당시 여성 최고위원을 놓고, 유은혜 국회의원(문재인 정부 사회부총리)과 경쟁해서 승리했습니다. 사람들이 많이 놀랐죠. 신

인이 전당대회에 나온 것도 놀랐고, 비중 있는 선배 정치인을 꺾은 것도 놀랍고.

2020년 전당대회에서는 민주당을 '유능한 경제 정당'으로 만들고 싶었습니다. 메시지에 공을 많이 들였죠. '경제'라는 말은 너무 중요한 말이지만, 또 흔한 말이잖아요? 민주당이 경제에 성공하지 못하면 다음 대선 승리는 없다, 경제전문가 산업전문가가 꼭 필요하다, 그렇게 주장했죠.

당시 함께 출마해서 당선된 이낙연 대표가 저에게 "메시지가 아주 좋습니다. 논리가 딱딱 들어맞습니다."라고 얘기하시더군요. 당시 선거에서 당원과 국민을 어떻게 설득해야 하는지 배운 거 같습니다.

그때 제가 자력으로 최고위원이 됐어요. 당원의 힘이죠. 최고위원 다섯 명을 뽑았는데, 여성 후보 한 명은 무조건 당선되는 거였습니다. 1차 경선에서 다른 여성 후보가 떨어지는 바람에 여성은 저 혼자 남아서 선거 결과와 상관없이 무조건 입성이었는데, 당원과 국민이 저를 순위 안에 넣어 주셨습니다.

너무 감사했죠. 저는 민주당과 당원들을 사랑했고, 또 사랑받았습니다. 지금 생각하니 다시 민주당에 안타까운 마음이 드네요. 2017년, 2022년 두 번의 대선에서도 정말 최선을 다해서 뛰었는데…. 민주당을 위해서라면 어디든 가고, 언제든 가고, 누구든 만났습니다. 지금 민주당의 모습을 정치 입문 전에 봤다면, 저는 아마 그대로 삼성에 남았을 겁니다.

Q 지방선거 출마 이력도 색다릅니다. 낙선하셨지만, 2016년 광주광역시장 선거에
서는 무엇을 배우셨습니까?

양 광주의 첨단산업 발전! 이 기치로 선거 치렀습니다. 경제적으
로 지쳐있는 광주시민에게 새로운 상상력을 불어넣고 싶었습니다.
당시 1차 경선을 통과한 민주당 후보가 세 명이었습니다. 이용섭
전 광주시장, 강기정 현 광주시장, 그리고 저.

생각해보세요. 두 분만 경선을 치렀으면 얼마나 재미가 없었겠
어요?(웃음) 제가 참여해서 경선 분위기가 많이 좋아졌다고 생각
합니다. 당에서도 고맙다는 분이 많았습니다. 당시 광주 비전을 만
들려고 정책팀을 꾸렸는데, 그분들과 정말 많은 토론을 했습니다.

그렇게 만들어진 공약이 5.18 광주 민주화 운동을 세계와 미래
로 쏘아 올릴 '518층 빛의 타워' 건설이었습니다. 반향이 좀 있었
습니다. 지금도 그 공약을 기억하시는 분들이 많아요.

Q 양 대표님은 정치적으로 인상 깊은 메시지를 많이 남겼습니다. 첨단산업, 과학기
술 등 자신만의 키워드를 가진 몇 안 되는 정치인이기도 하고, 이른바 '검수완박' 관련
양향자 문건도 유명하지만, 처음 민주당에 영입될 때 입당의 변, 그러니까 정치선언문
이죠. 당시 큰 화제였습니다. 그때 눈물 흘리며 읽어내려간 글이 사람들에게 깊은 인상

을 남겼습니다.

양 입당할 때, 제 오랜 고향인 삼성의 선후배 동료들에게 많이 미
안했습니다. 떠나기 불과 며칠 전에 말씀을 드렸거든요. 오랫동안
고민도 많았고요. 입당을 결심하고 다음 날 회사에 출근하자마자
사장님에게 말씀드리니, 깜짝 놀라죠. 양향자가 정치를 한다고? 민
주당이라고? 두 번 놀라더군요.

입당 기자회견을 잡아놓고, 전날 집에서 회견문을 쓰는 데 한 줄
한 줄 쓸 때마다 눈물이 나요. 진짜 겨우겨우 썼어요. 지나온 날을
생각하니 만감이 교차하고, 삼성을 떠난다니 또 오만가지 생각이
들었습니다. 회견에서 울지 말아야지, 몇 번을 다짐했는데, 그만 실
패했죠. 주체할 수 없이 눈물이 흘렀습니다.

지금 창당한 제 상황이 그때와 비슷합니다. 그때 그 초심이 지금
새로운 도전을 앞둔 제 의지와 같습니다. 또 하나의 길모퉁이를 지
나 이어진 다른 길을 바라보는 지금, 가보지 않은 그 길에 첫걸음
을 또 내디디고 있잖아요?

한국의희망이란 이름으로 말이죠.

양향자 정치선언문

"이제 하나의 길모퉁이를 지나 이어진 다른 길을 바라봅니다. 지금 저는 가보지 않은 그 길에 첫걸음을 내딛습니다. (…) 저와 반도체가 함께 성장한 30년이었습니다. 우리 살아생전 반도체 기술로 일본을 이길 수 있으리라는 생각은 할 수 없었던 시절이 있었습니다. 그러나 우리는 의지로 기적을 만들어 냈고, 자부심으로 마침표를 찍었습니다. 이제 기적 같은 변화와 성장이 제가 새로 몸담을 정치에서 벌어지기를 소원합니다. (…)

어제까지 제가 서 있던 반도체 공장을 떠나며, 만감이 교차합니다. 입당의 자리이지만, 저에게는 반도체인으로서 작별의 자리이기도 합니다. 진심으로 감사했고, 고마웠고, 사랑한다고 말씀드립니다. 제가 떠나온 고향이 더 많은 국민께 사랑받을 수 있는 곳이 되도록 항상 노력하겠습니다. 자랑스러운 삶으로 국민 앞에 서겠습니다."

2016년 1월 12일

퍼스트 무버, 한국의 희망

초   판 1쇄 인쇄 2024년 1월 3일
           1쇄 발행 2024년 1월 8일
지 은 이 양향자
펴 낸 이 박경수
펴 낸 곳 디케
등록번호 제2011-000050호.
등록일자 2008년 1월 17일
주   소 서울시 노원구 월계로 334, 720호.
전   화 070-8774-7933
팩   스 0504-477-3133
이 메 일 soobac@gmail.com

ISBN 978-89-94651-59-0 03320

ⓒ 양향자 2024

※잘못된 책은 바꾸어 드립니다.
※책값은 뒤표지에 있습니다.